《云南少数民族古籍珍本集成》编纂委员会

主　　任：李四明

副 主 任：盘艳阳　杨谊群　陆永耀　马开能　郑建奇
　　　　　　李正洪　吴　坚　蒙东平　董　允　赵成龙

执行副主任：马开能　李正洪　沙云生　赵石定

主　　编：谢沫华　起国庆

副 主 编：李克忠　龙江莉　资　铁　赵雄峰　殷筱钊

编　　委：李德静　肖惠华　牛增裕　和树军　李瑞山
　　　　　　刀金平　张晋智　王向芳　张　云　赵润琴
　　　　　　田维香　快永胜　于传臣　王凤岐　张元波
　　　　　　黄　雯　和六花　杨筱奕　刘　琳　艾　芳
　　　　　　保俊萍　依旺的　王向松　陶开祥　李国琼

本卷执行主编：杨筱奕　李德静
本 卷 编 委：和东升　赵世红　王世英　李　英　和　虹
　　　　　　　和庆元　和丽峰　陈四才　和丽宝　玉罕娇
　　　　　　　龙江莉　王向松　陶开祥
本卷资料提供：丽江市东巴文化研究院
本卷提要撰写：杨筱奕

云南少数民族古籍珍本集成

第五十二卷 纳西族

云南省少数民族古籍整理出版规划办公室 ◎ 编

云南出版集团公司
云南人民出版社

云南省百项少数民族文化精品工程项目
民族文字出版专项资金资助项目

前言

云南是一个多民族的边疆省份，全省25个少数民族在长期的历史发展进程中创造了丰富多彩的民族历史文化，留下了卷帙浩繁的民族文字文献古籍和口传古籍，这些少数民族古籍是各民族先民创造的重要文明成果，是中华文明一脉相承的历史见证，也是人类文明的瑰宝。据统计，云南少数民族文字文献古籍蕴藏量达10万余册（卷），口传古籍4万余种，大多数至今仍散藏于民间，损毁日益严重。

云南少数民族古籍以种类繁多、历史悠久、载体多样而独具特色，是云南不可再生的珍贵文化遗产，也是亟待抢救保护和开发利用的重要文化资源。2003年，纳西东巴古籍文献入选《世界记忆遗产名录》，云南少数民族古籍的人类文化遗产价值得到联合国教科文组织世界遗产委员会的肯定。

为抢救保护这宗珍贵的世界文化遗产，我们计划用5年左右时间编纂出版《云南少数民族古籍珍本集成》100卷，结集出版一批云南少数民族古籍中的孤本、善本和珍本，并用彩色影印的方式真实再现古籍原貌，以丰富和繁荣民族文化事业。

云南省少数民族古籍整理出版规划办公室
《云南少数民族古籍珍本集成》编纂委员会
2012年9月16日

目录

祭天·远祖回归记	1
迎素神·竖神石·倒祭粮·点神灯	19
祭署仪式·请署	28
祭署仪式·署的出处	36
祭署仪式·普蚩乌路的故事	45
祭署仪式·都沙敖吐的故事	52
祭署仪式·崇忍利恩的故事	61
祭署仪式·美利恒孜与桑汝尼麻的故事	67
祭署仪式·崇忍利恩与红眼仄若的故事	77
延寿仪式·献牲·献圣灵药·求福泽	84
延寿仪式·东巴弟子求威灵·上	96
延寿仪式·东巴弟子求威灵·中	106
延寿仪式·东巴弟子求威灵·下	119
延寿仪式·甘露圣灵药的来历·迎圣灵药	125
禳垛鬼仪式·白蝙蝠求取祭祀占卜经	134

禳垛鬼仪式·董术战争	148
禳垛鬼大仪式·哈桑战争	164
禳垛鬼仪式·九个天神和七个地神的故事	177
禳垛鬼大仪式·招魂经	186
禳垛鬼仪式·新年烧香	202
禳垛鬼仪式·云的来历	220
禳垛鬼仪式·松树的来历	228
祭端鬼·请精如神驱端鬼·上	233
祭端鬼·请莫毕精如·下	247
压呆鬼·请朗久敬久神	261
祭风·给东巴的报酬,启的来历	277
祭风·送给尼鬼	284
祭风·消除是非	291
祭风·祭地上五方哑神,射鹿	297
创世纪	304

祭天·远祖回归记

纳西族东巴经。使用于祭天仪式的主要典籍。在举行生献（即将宰杀后的牺牲完整地供奉在祭坛前）时诵读。流传于云南省丽江市纳西族地区。不分卷，1册。佚名撰。该书叙述程序为：1. 给牺牲除秽；2. 逐一赞颂天、地、柏三位被祭祀者；3. 讲述人类的产生，祭天的来历；4. 驱灾、镇压灾祸鬼；5. 祈求福分。记述了被奉为纳西族祖先崇忍利恩与天地之女衬恒褒白相恋、结婚，再双双回到大地成家立业，后来他们又多次派遣使者返回天庭向天父地母寻求如何繁衍后代、如何让后代健康成长的神话故事及"祭天"仪式的缘由。旧抄本，线订册叶装，墨书。开本高9厘米，广29厘米，每页三行。保存完好，今藏于丽江市东巴文化研究院。

云南少数民族古籍珍本集成

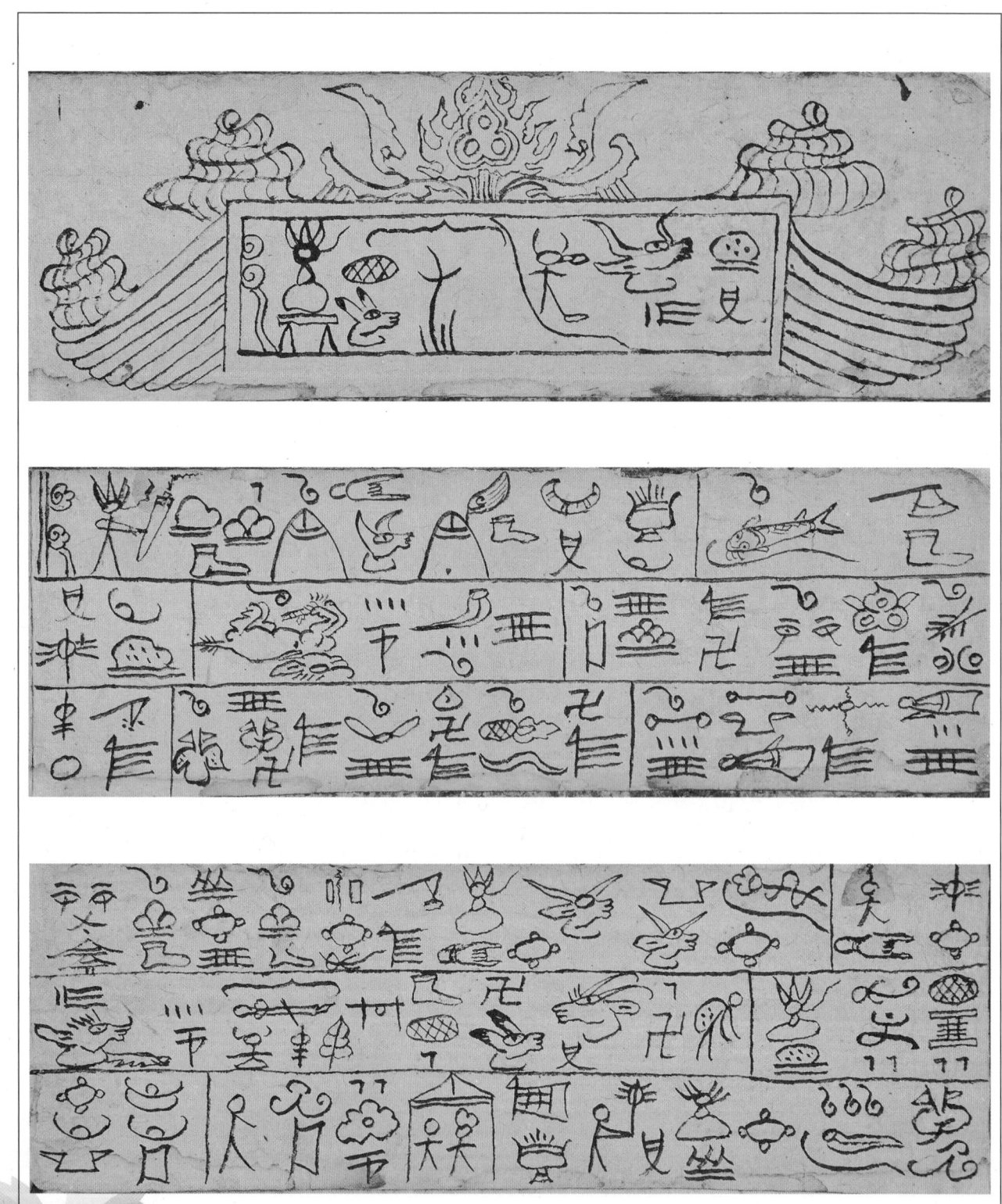

2

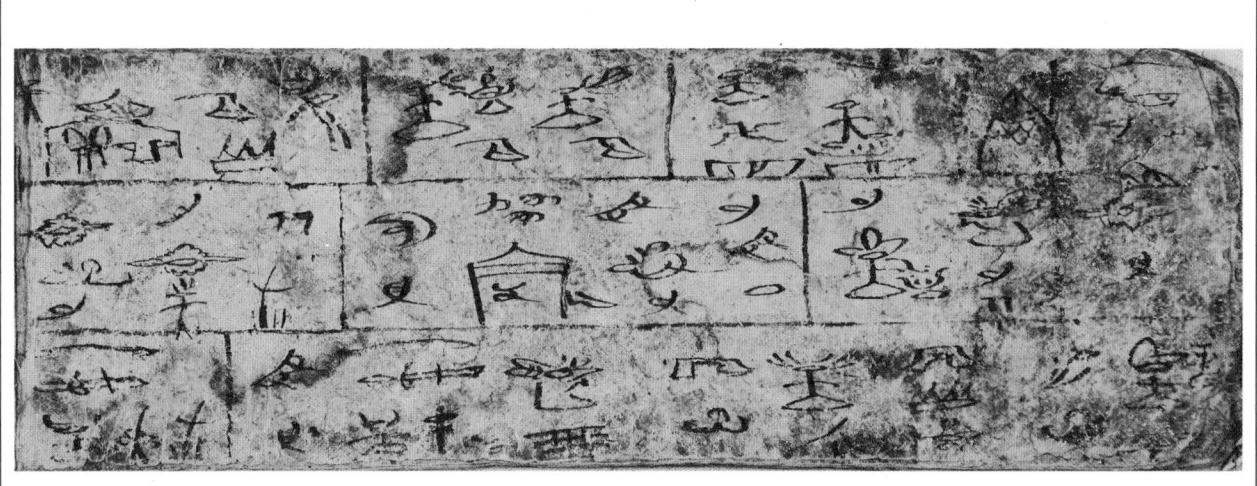

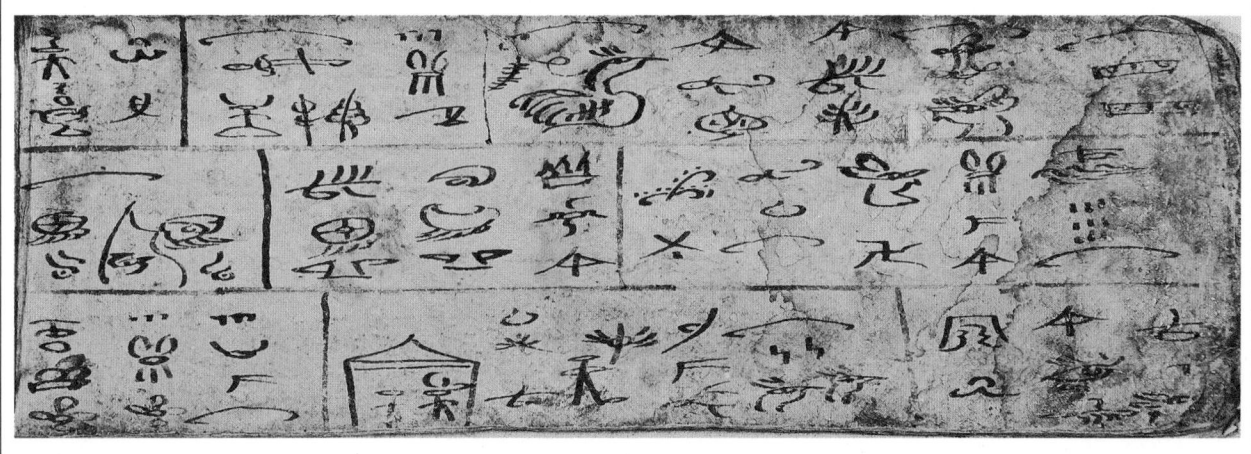

云南少数民族古籍珍本集成

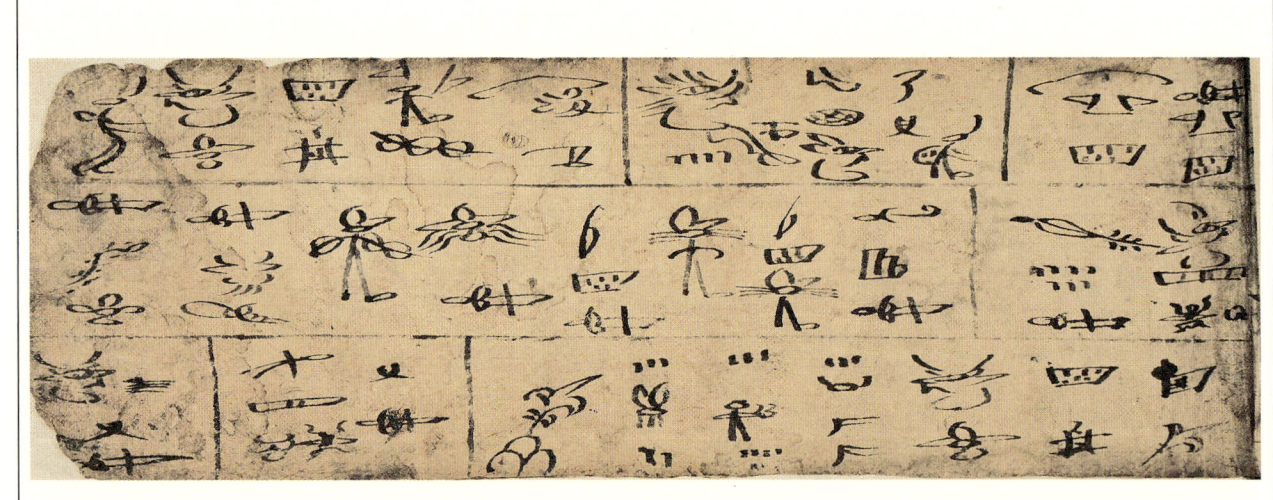
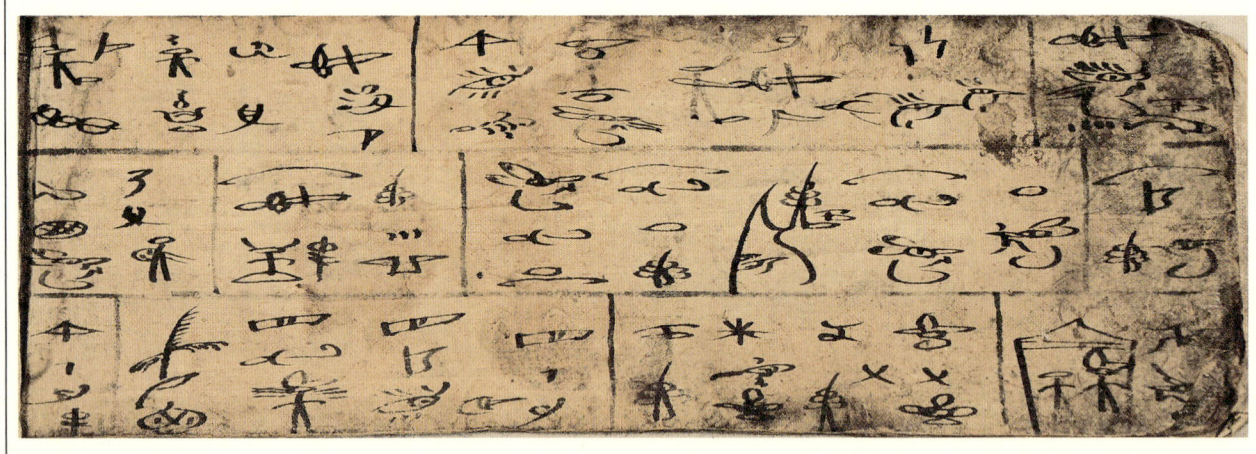
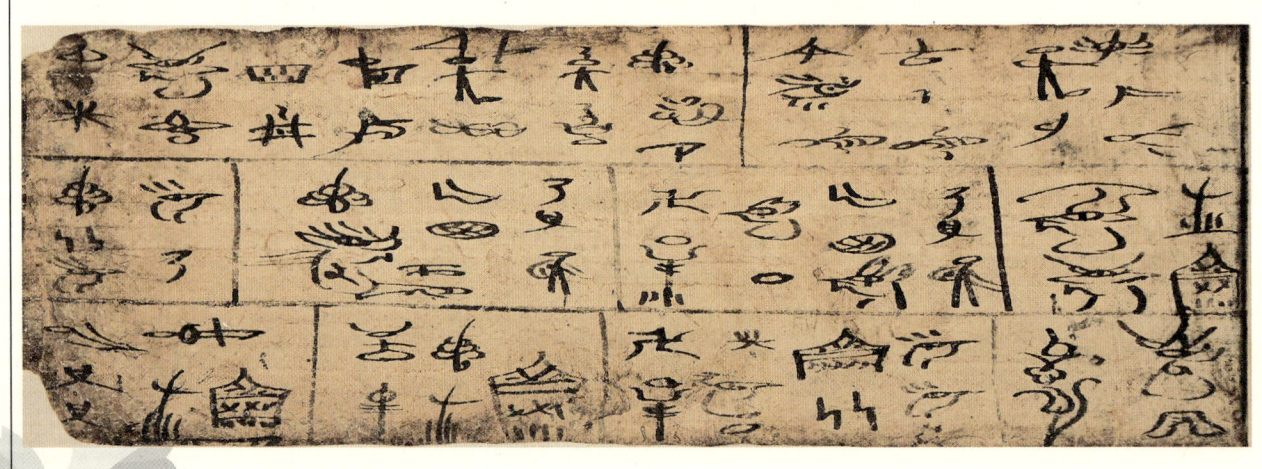

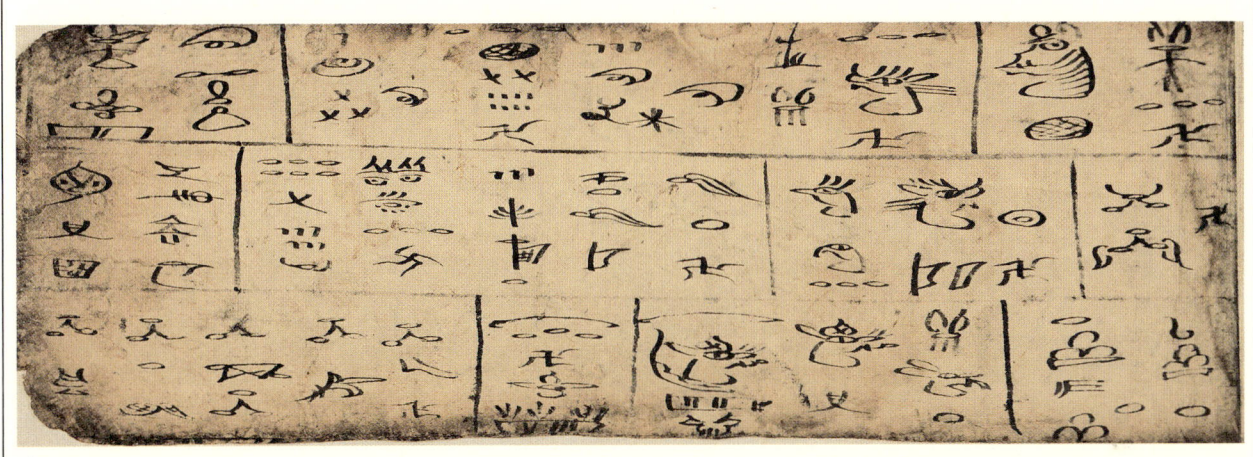
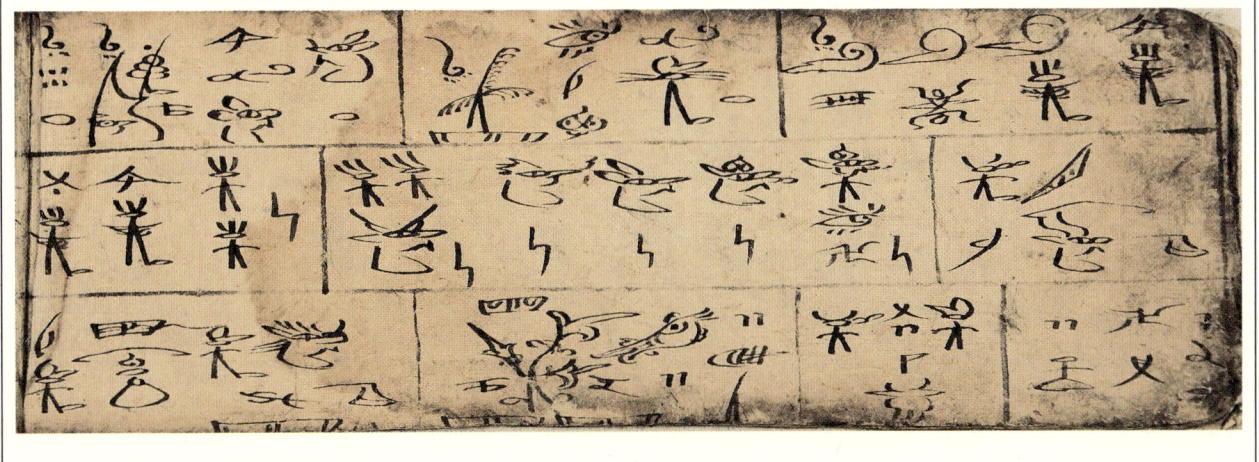

第五十二卷　纳西族

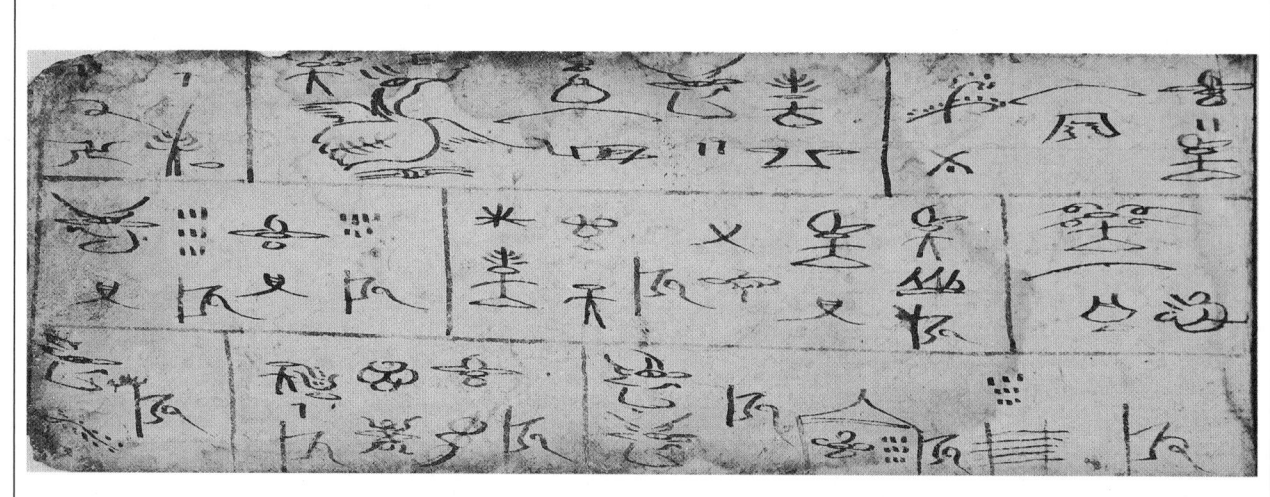

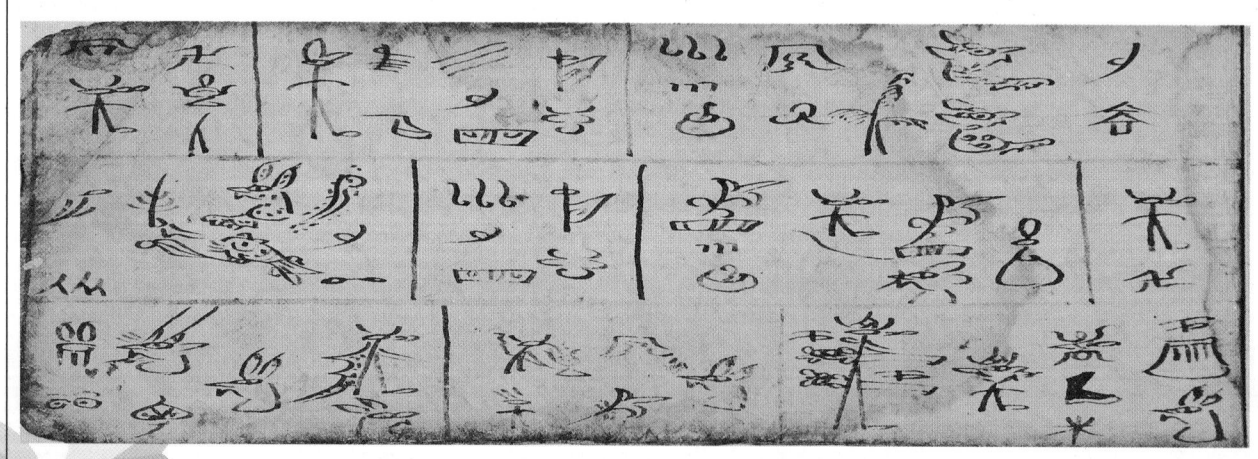

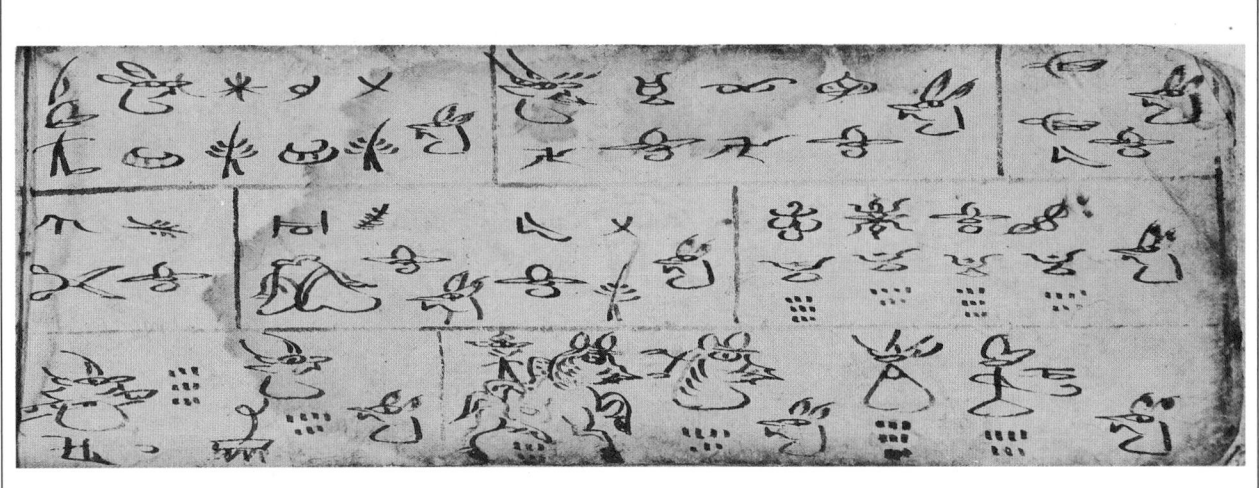

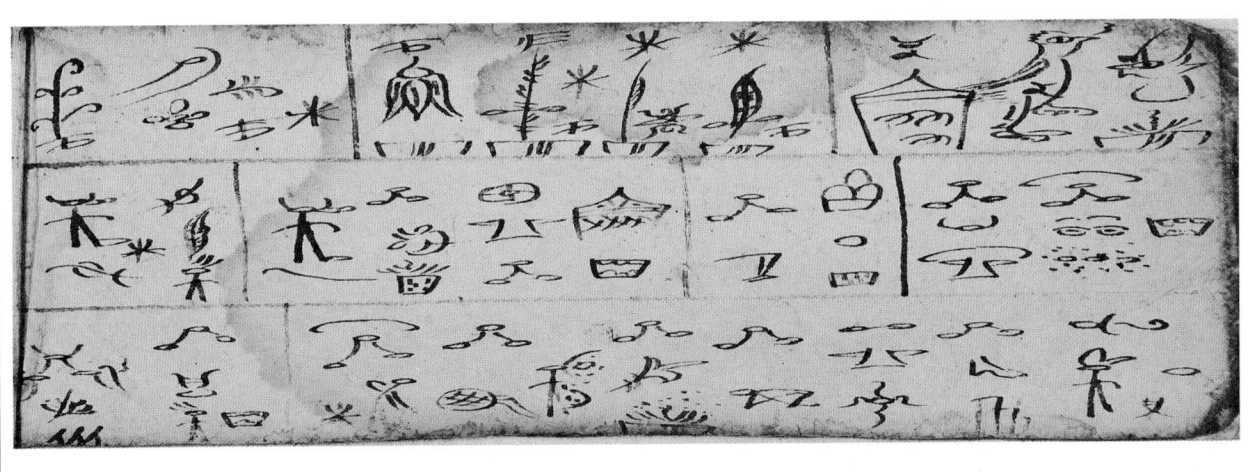

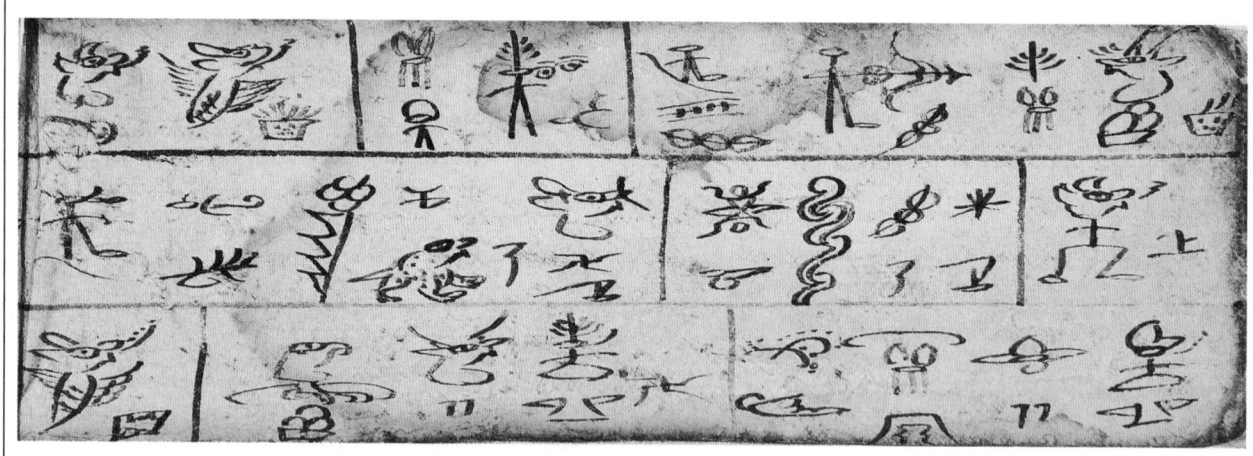

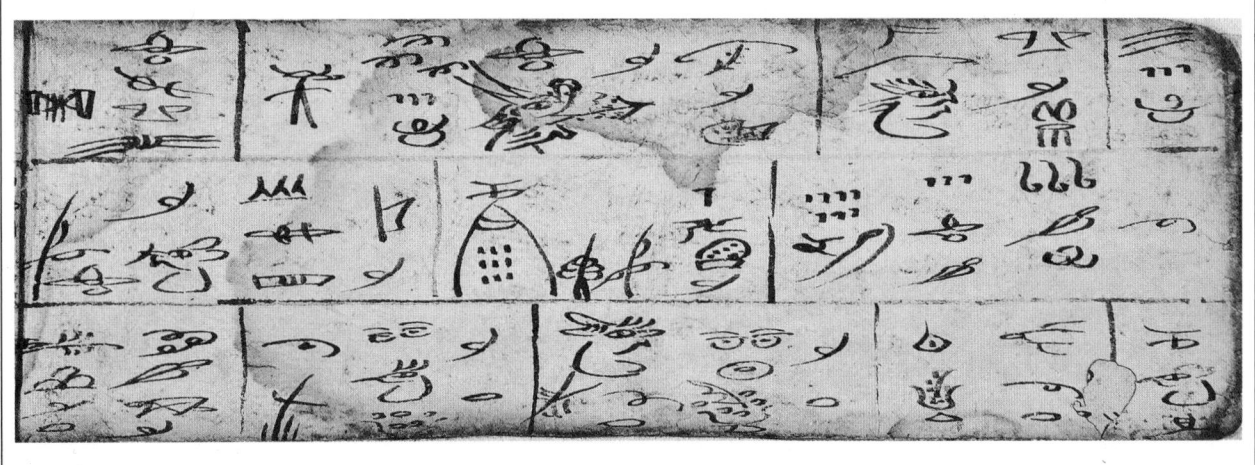

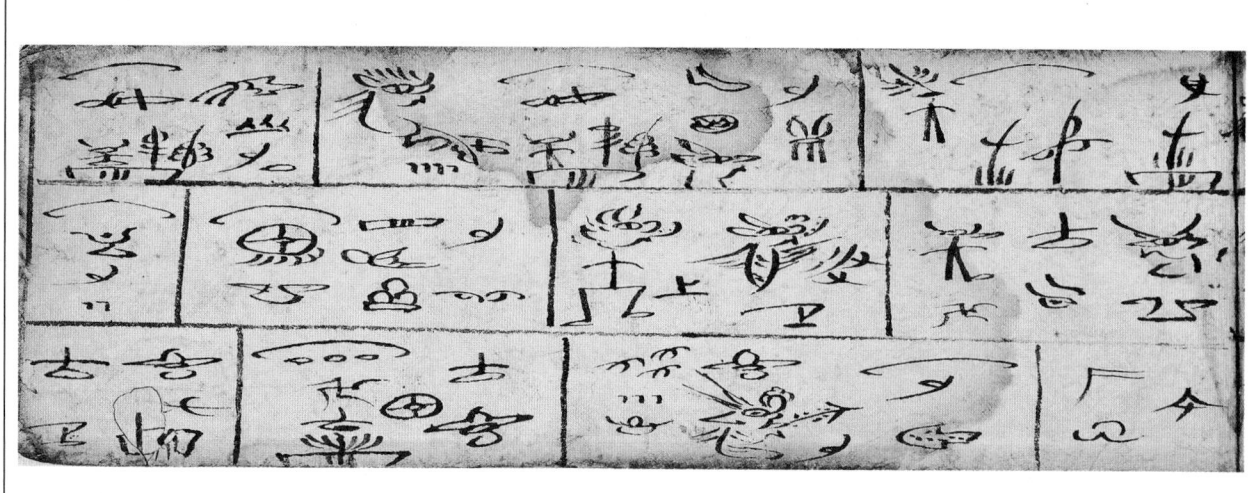

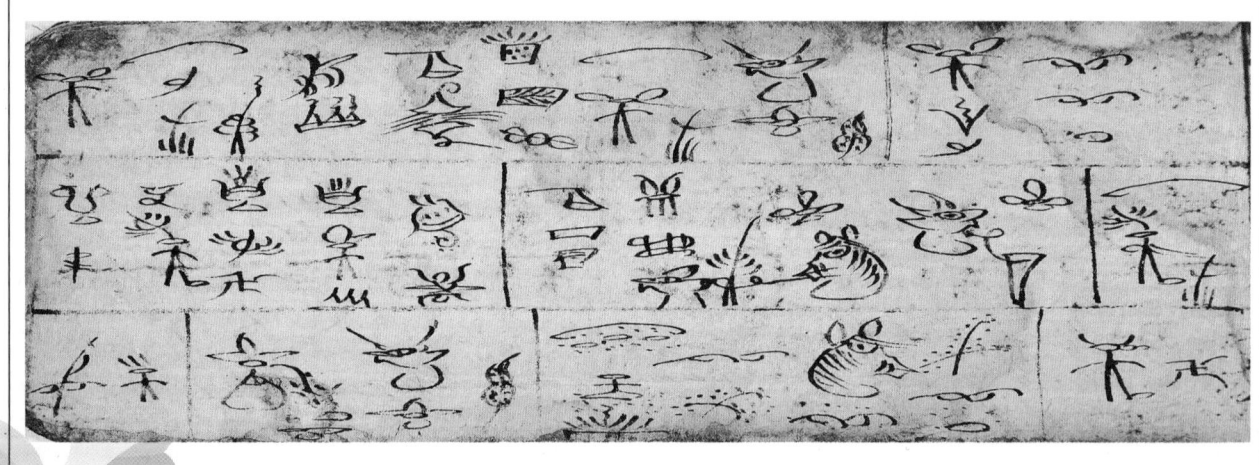

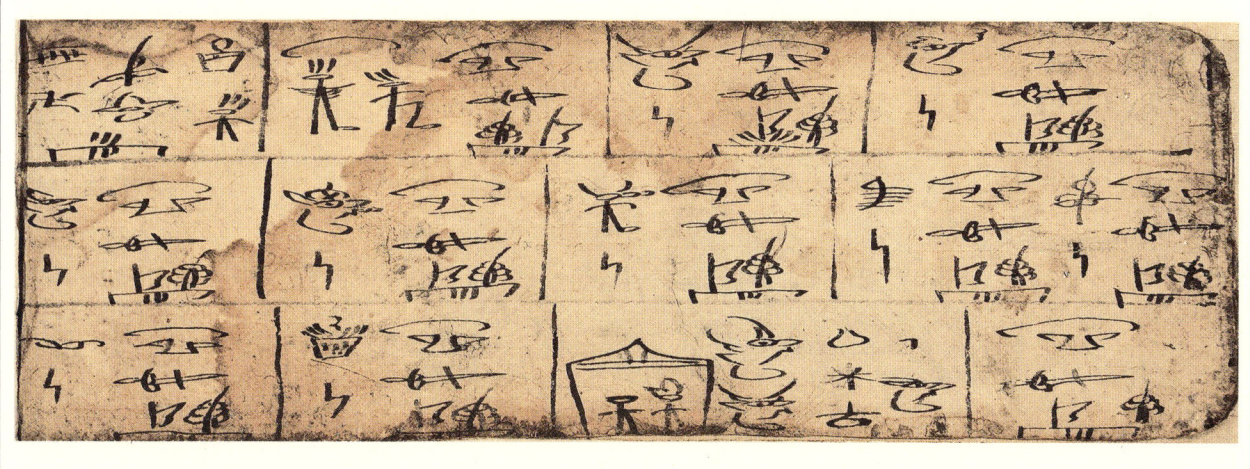

第五十二卷 纳西族

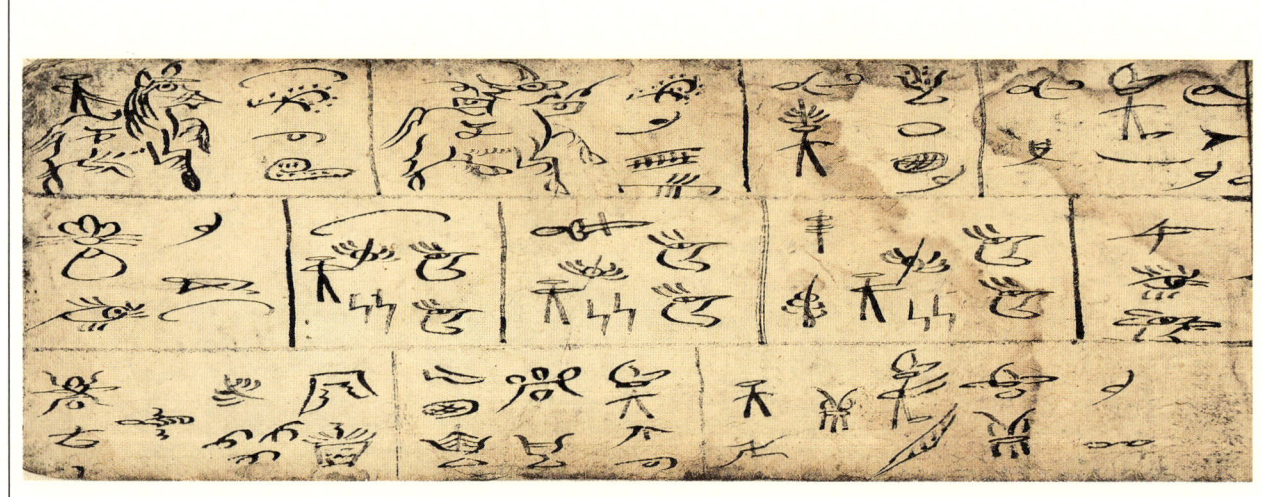

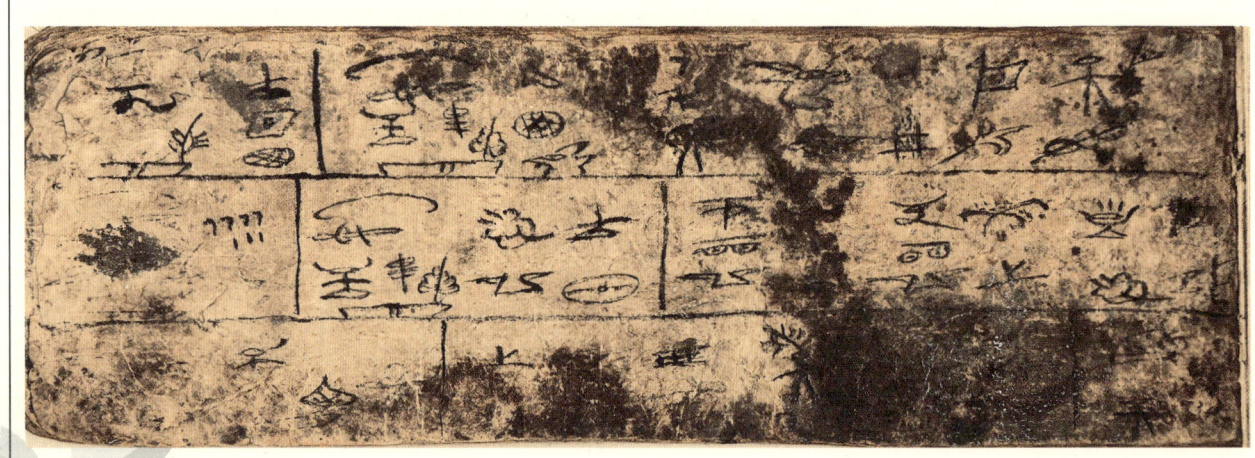

迎素神·竖神石·倒祭粮·点神灯

纳西族东巴经。使用于祭祀素神仪式的典籍。流传于云南省丽江市纳西族地区。不分卷，1册。佚名撰。在祭坛上放置象征居住有素神之篓，然后为素神供奉上祭粮、香灯、香柱时诵读。讲述内容为：1. 供奉素神篓的必要及叙述筐内各物的象征意义。2. 为各方神灵及各方神灵的素神供献上祭粮。3. 为各方神灵及各方神灵的素神灯点燃灯火及为素神点灯所需圣油的来历，表达了祭祀者期望获得素神保福保佑的虔诚祈愿。旧抄本，线订册叶装，墨书。开本高11厘米，广30厘米，每页三行。保存完好，今藏于丽江市东巴文化研究院。

云南少数民族古籍珍本集成

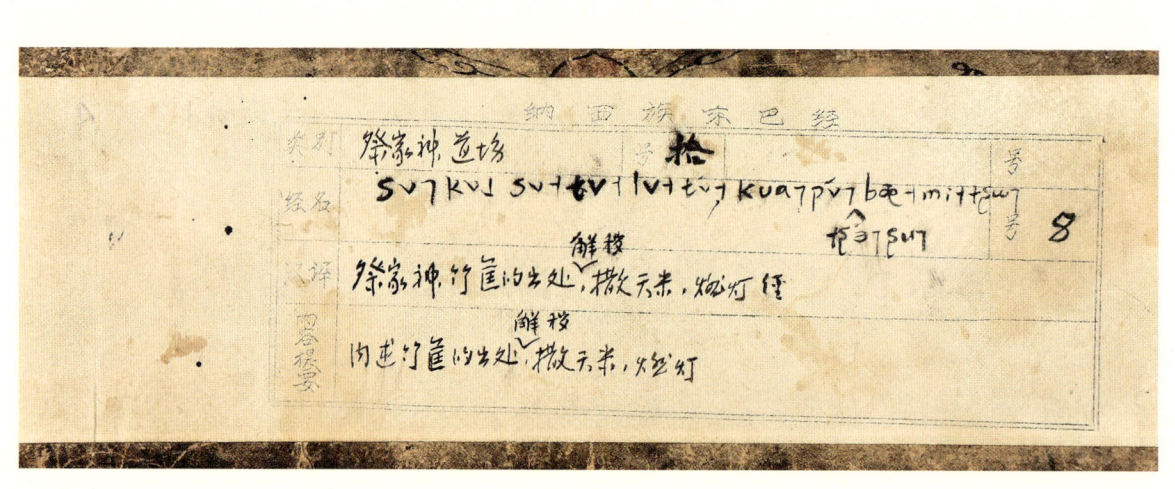

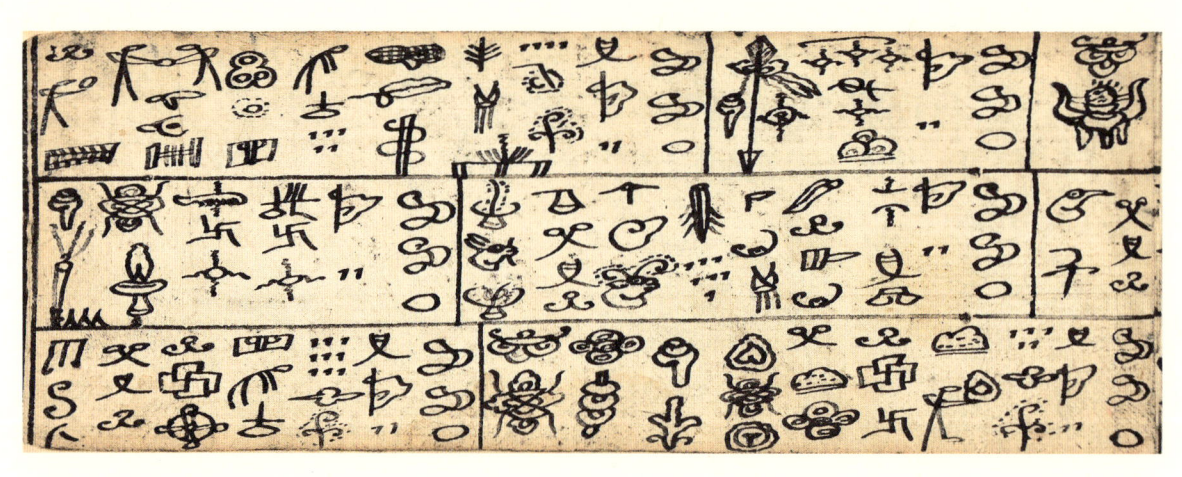

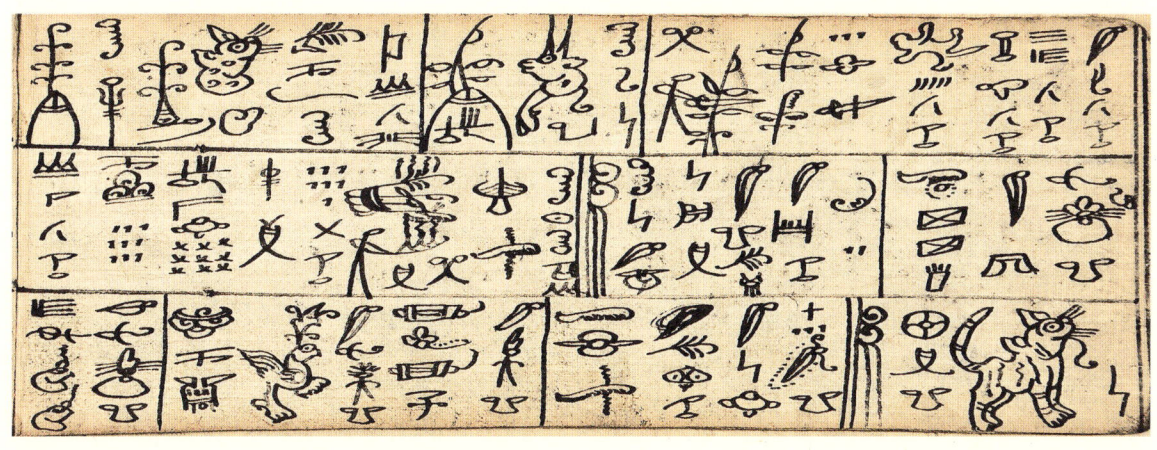

第五十二卷　纳西族

第五十二卷 纳西族

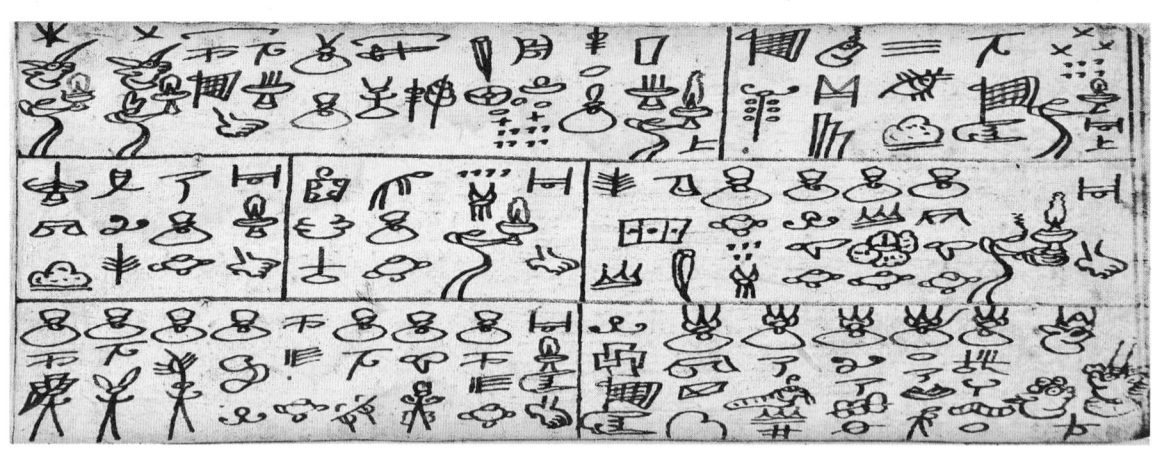
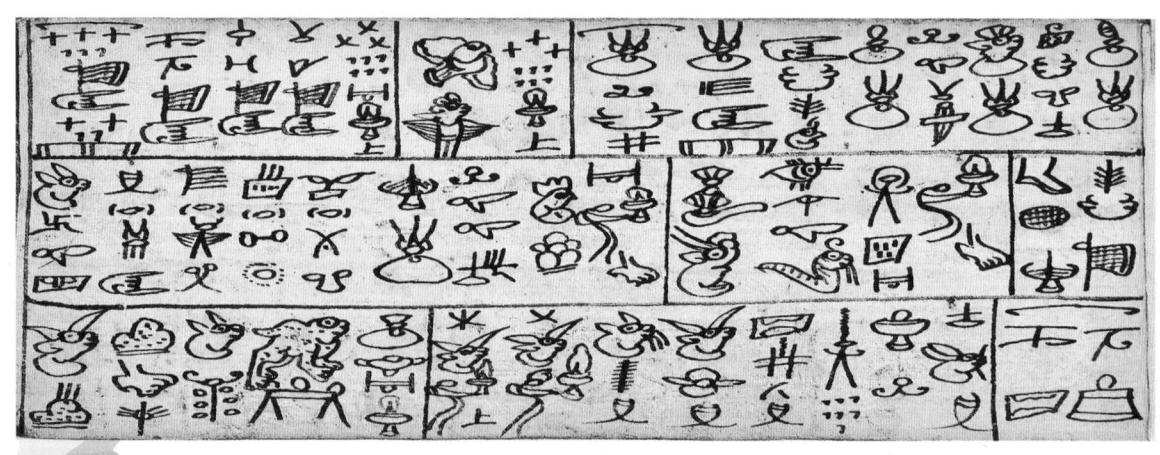

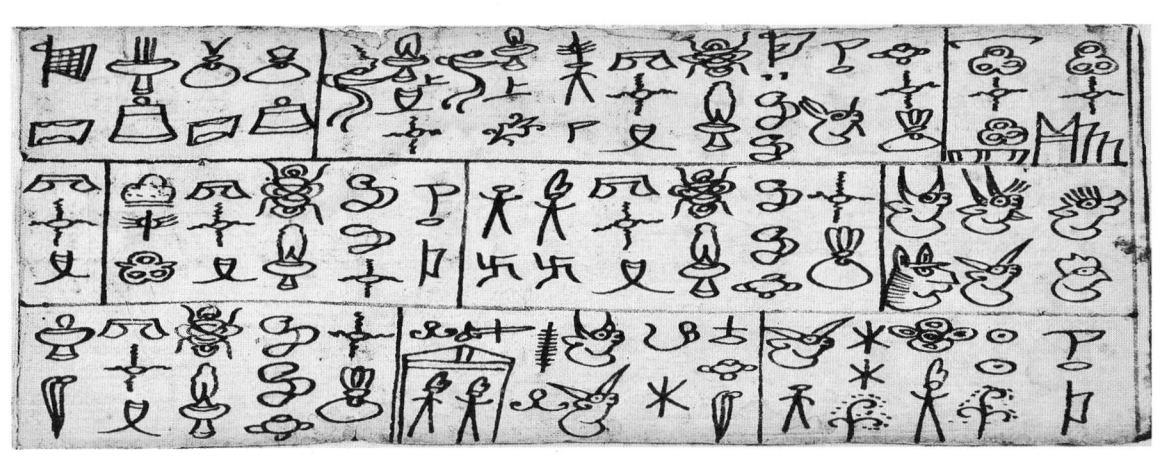
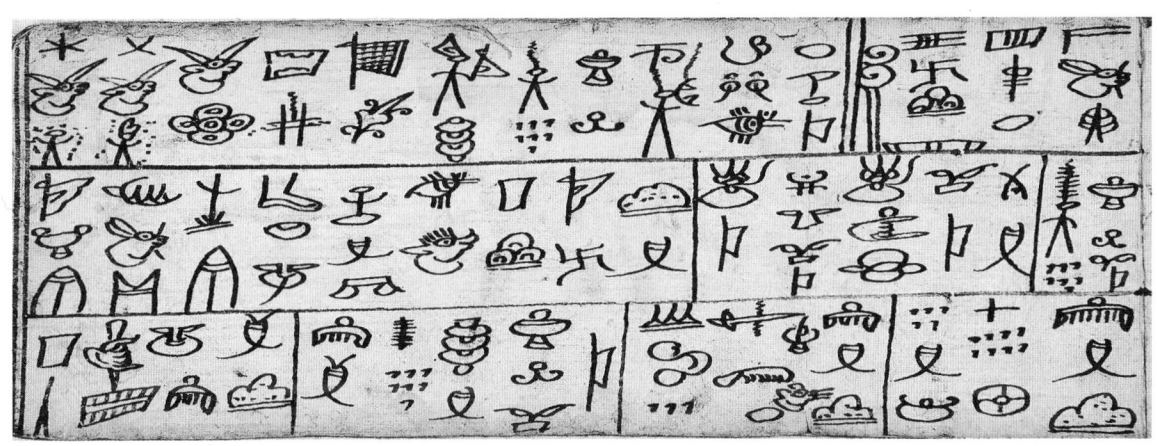

祭署仪式·请署

纳西族东巴经。流传于云南省丽江市纳西族地区。不分卷，1册。佚名撰。讲述了祭署时，作仪人家请东巴设置神坛，献上供品，点燃天香，准备好偿还给署的各类物品。东巴请来东南西北中各方、各山、各地的署来寨子中接受人们的赔偿。作仪人家向署祈求福泽与平安。旧抄本，线订册叶装，墨书。开本高9厘米，广29厘米，每页三行。保存完好，今藏于丽江市东巴文化研究院。

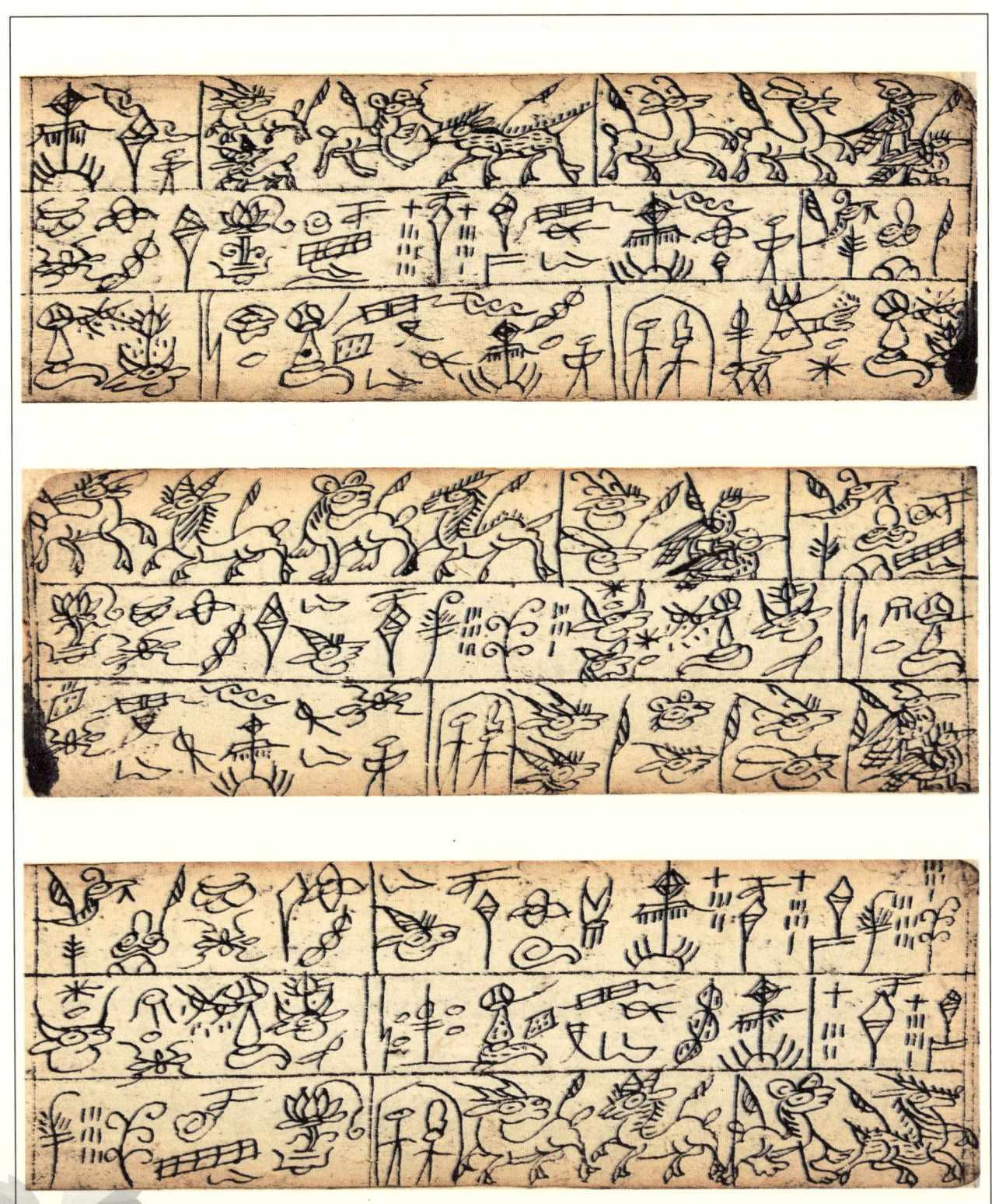

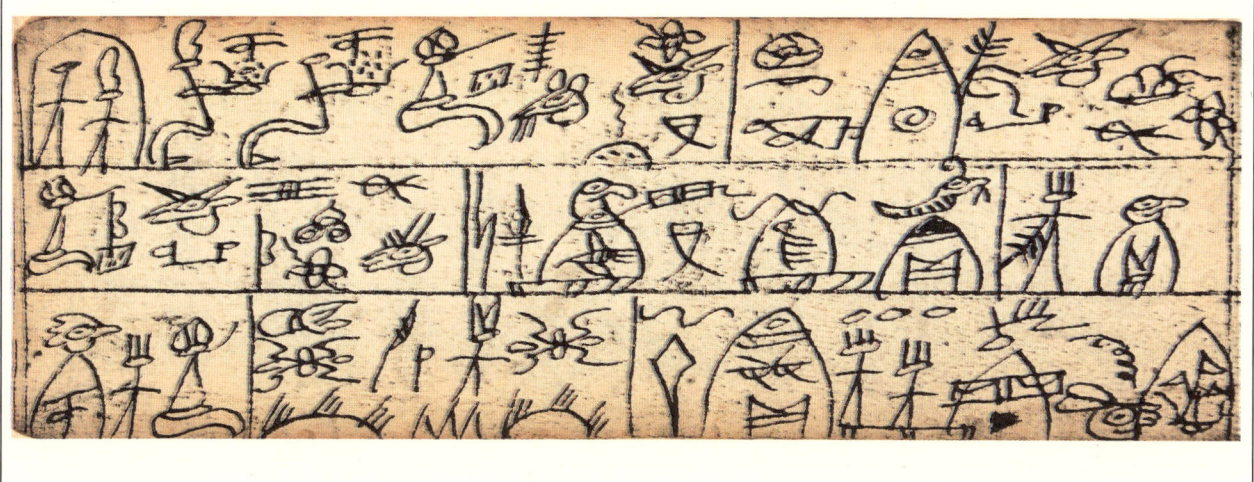

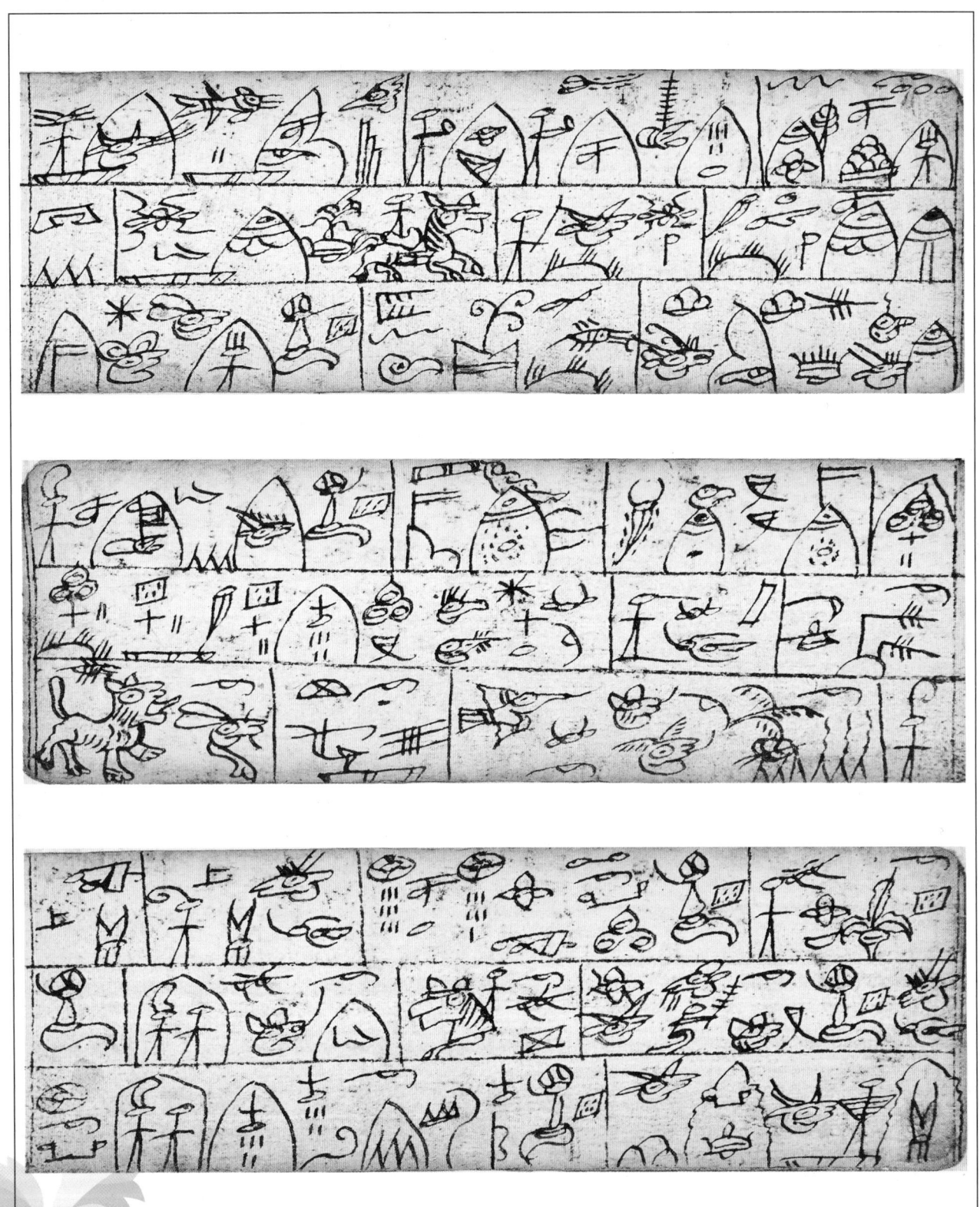

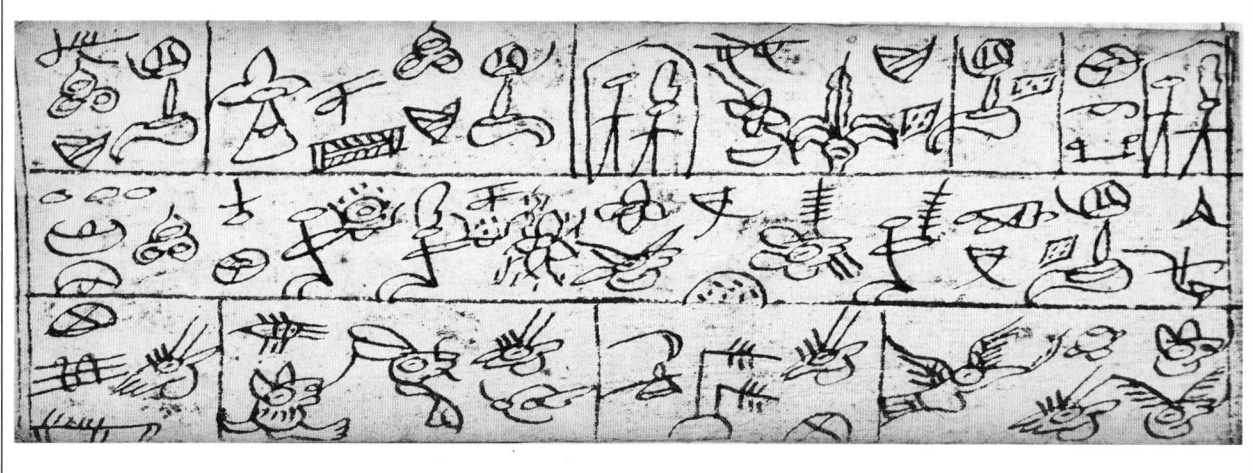

第五十二卷 纳西族

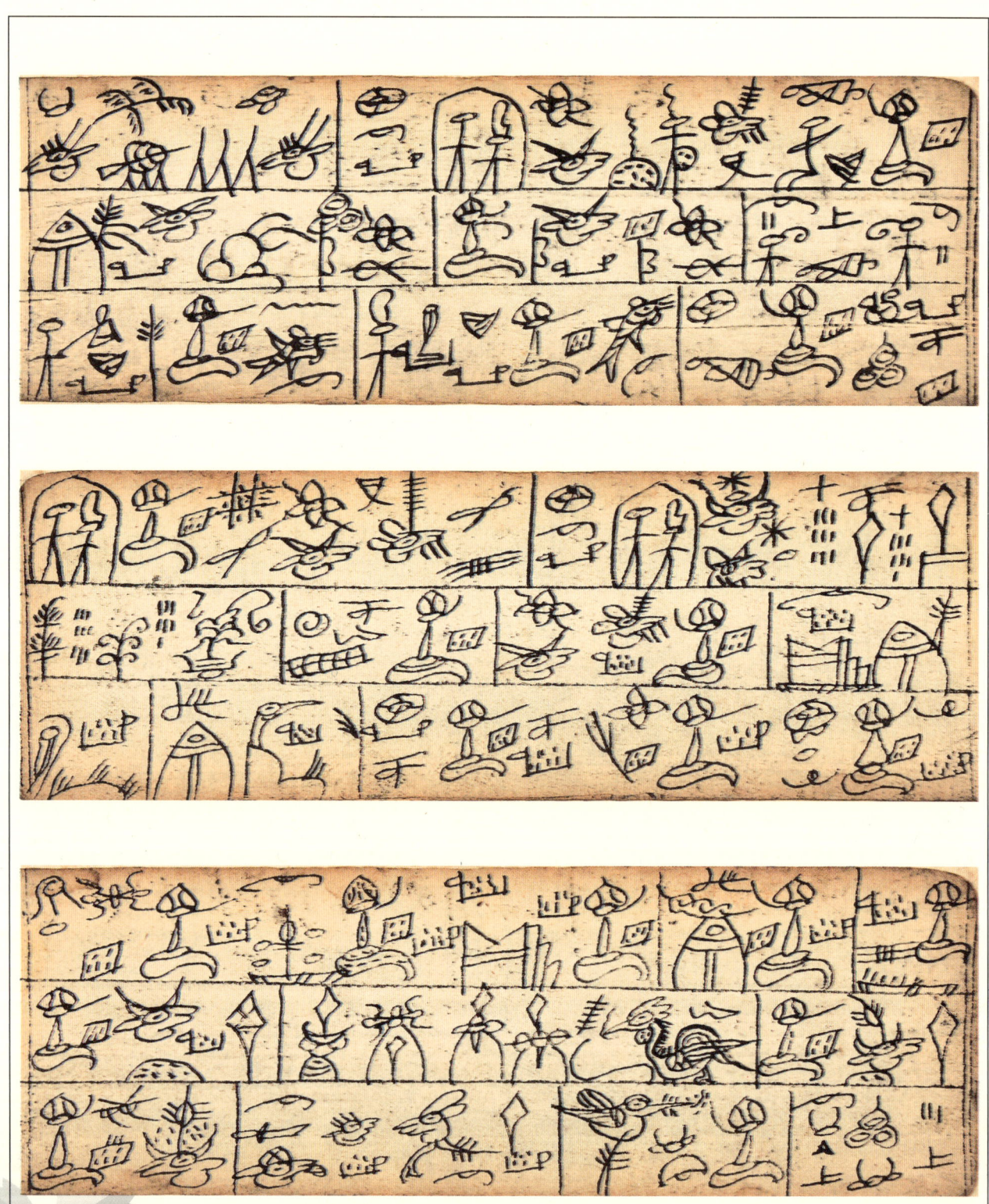

祭署仪式·署的出处

纳西族东巴经。流传于云南省丽江市纳西族地区。不分卷，1册。佚名撰。讲述了署的出处与来历以及请东巴作仪式，用财物向署祈求福泽，以保平安。旧抄本，线订册叶装，墨书，有彩色封面。开本高9厘米，广28.5厘米，每页三行。保存基本完好，今藏于丽江市东巴文化研究院。

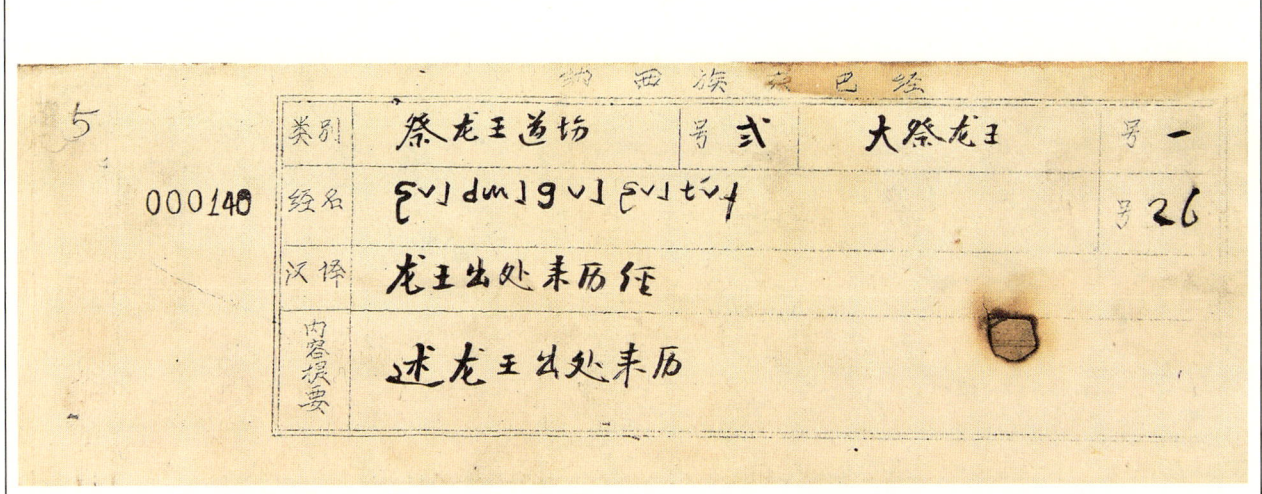

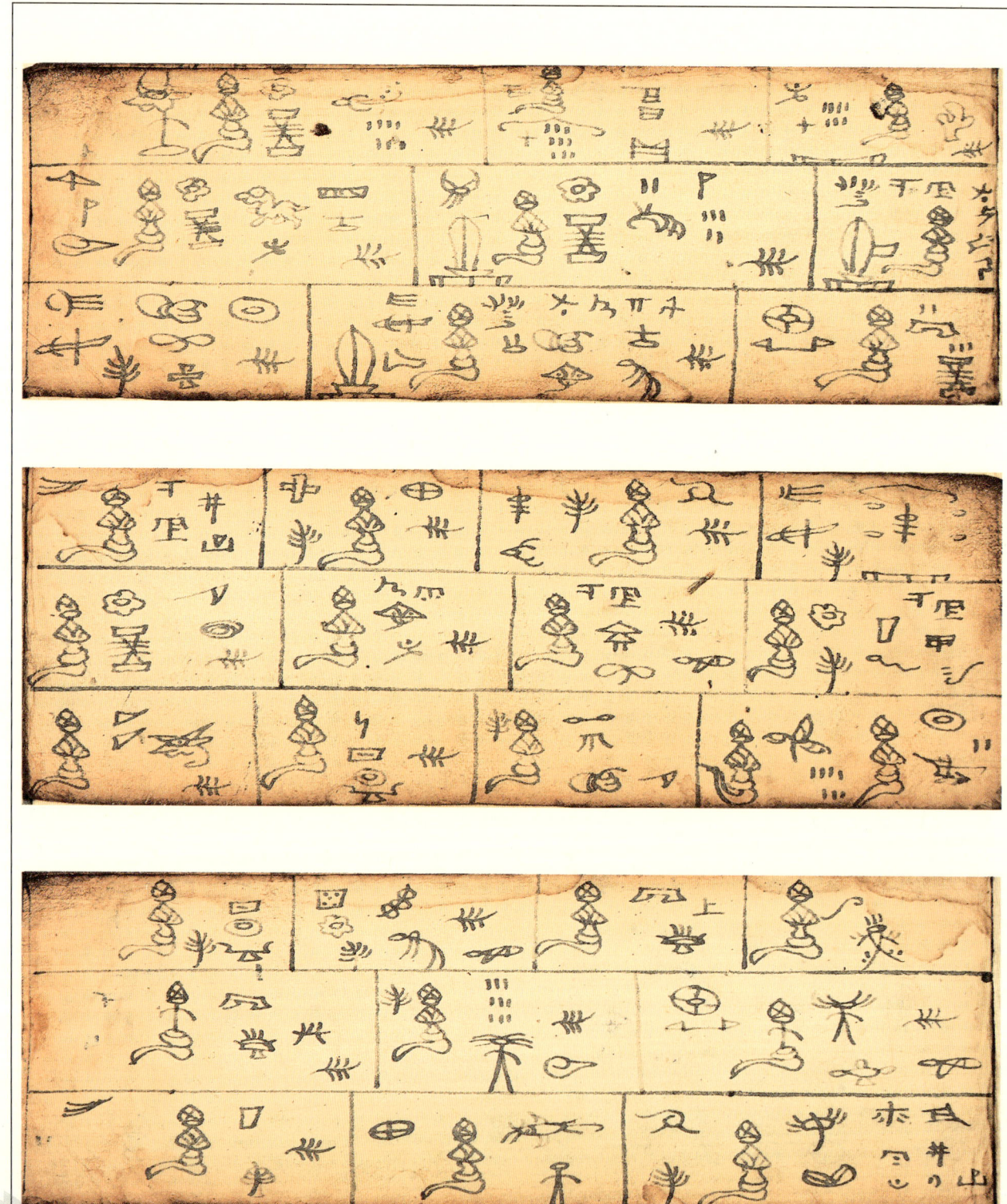

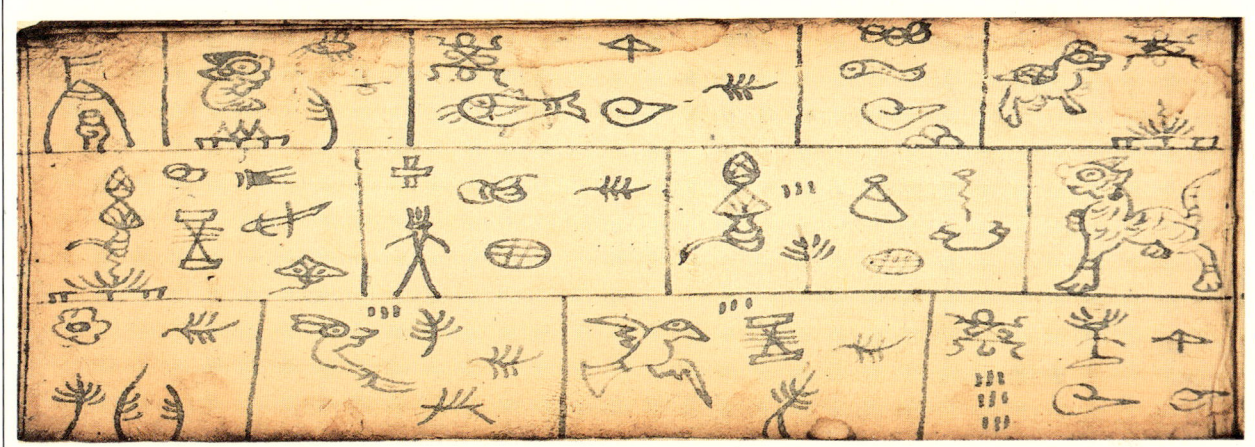

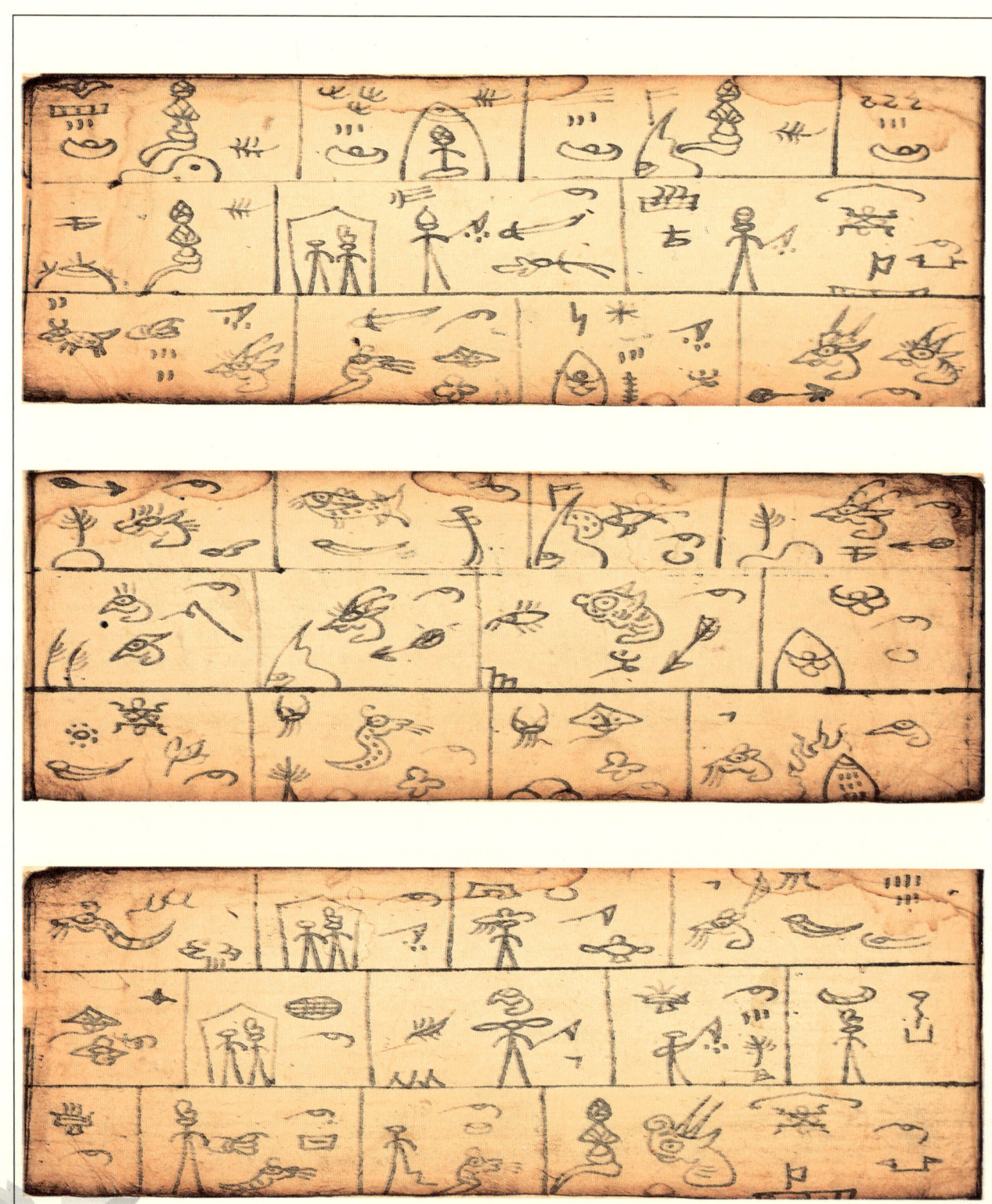

第五十二卷 纳西族

云南少数民族古籍珍本集成

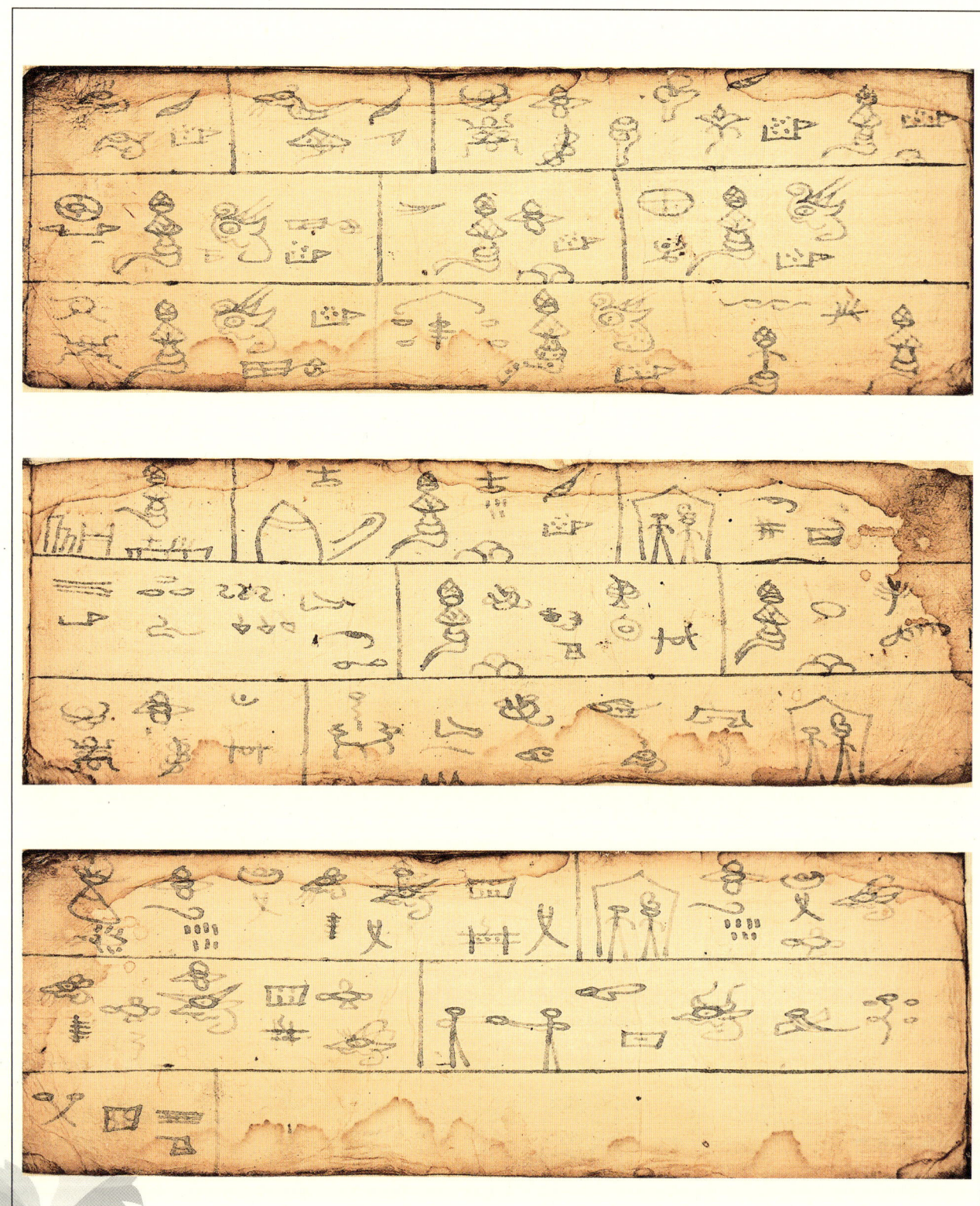

祭署仪式·普蚩乌路的故事

纳西族东巴经。流传于云南省丽江市纳西族地区。不分卷，1册。卷尾注此经典为东法的书。讲述普蚩乌路因为怠慢了东巴什罗，遭到署的报复。生病的普蚩乌路只有请来东巴什罗做了仪式之后，病才好并在他的调解下与署和解。旧抄本，线订册叶装，墨书，有彩色封面。开本高9.3厘米，广29.7厘米，每页四行，部分三行。有彩色封面。保存完好，今藏于丽江市东巴文化研究院。

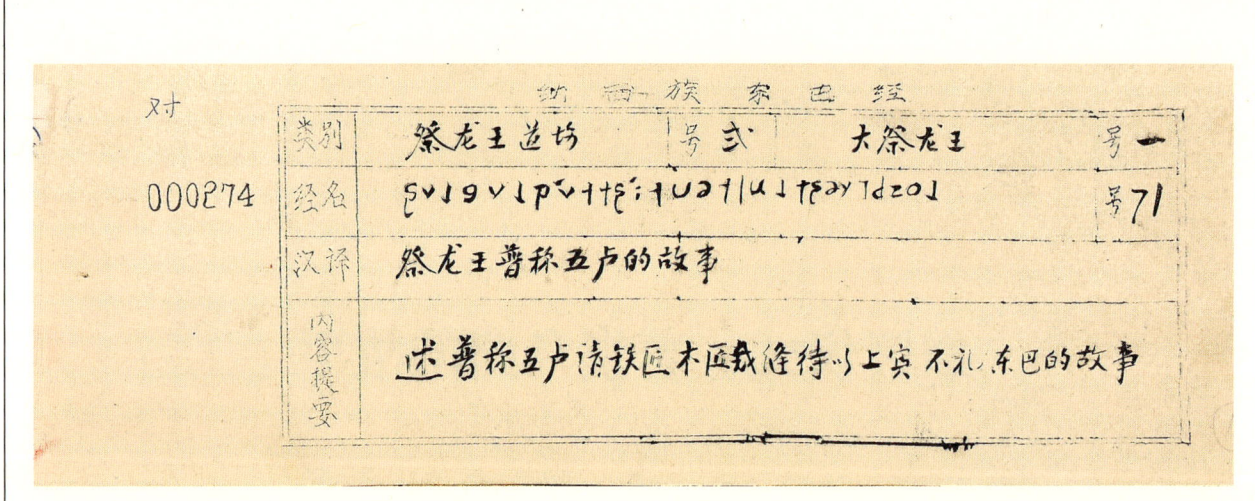

第五十二卷　纳西族

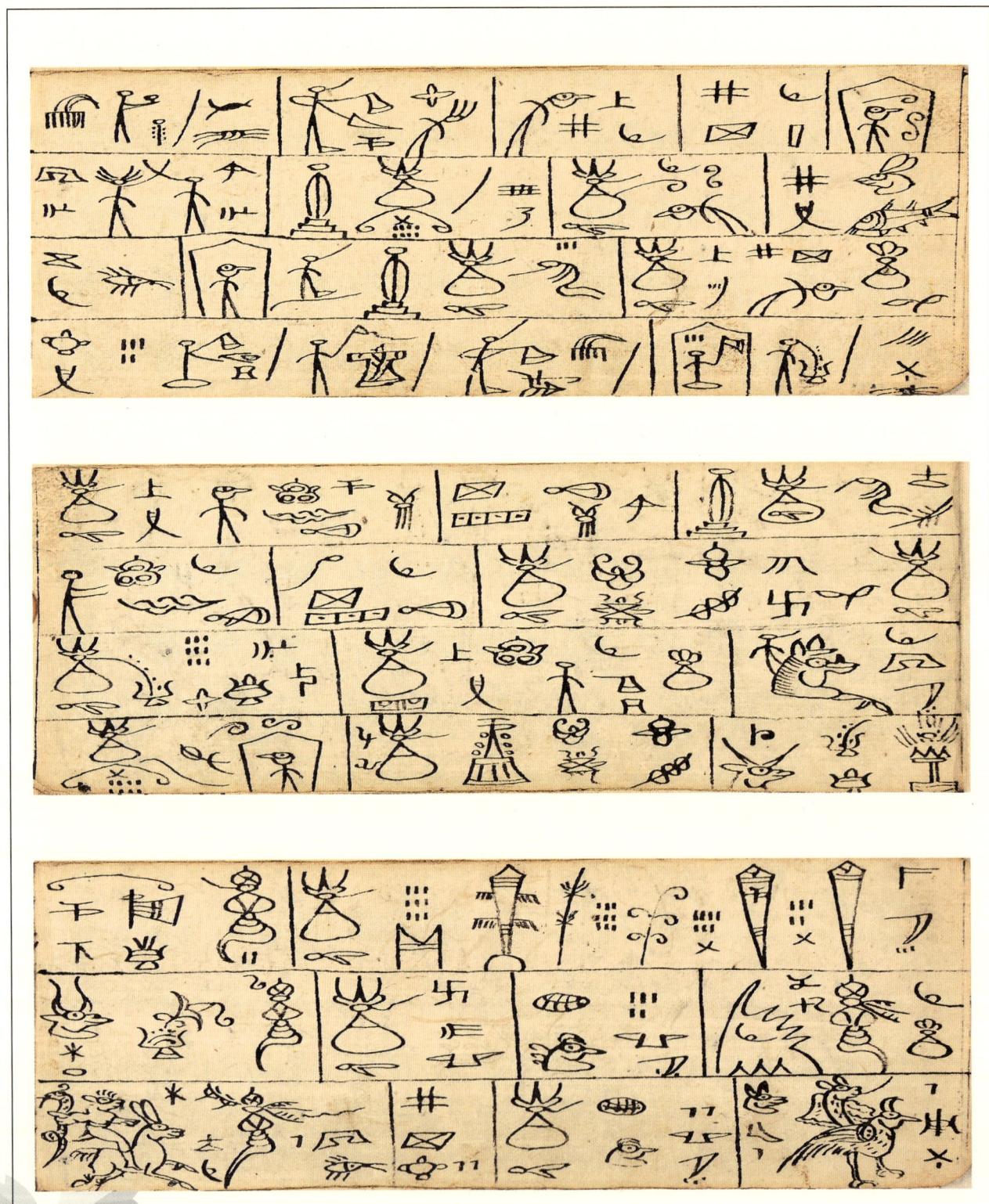

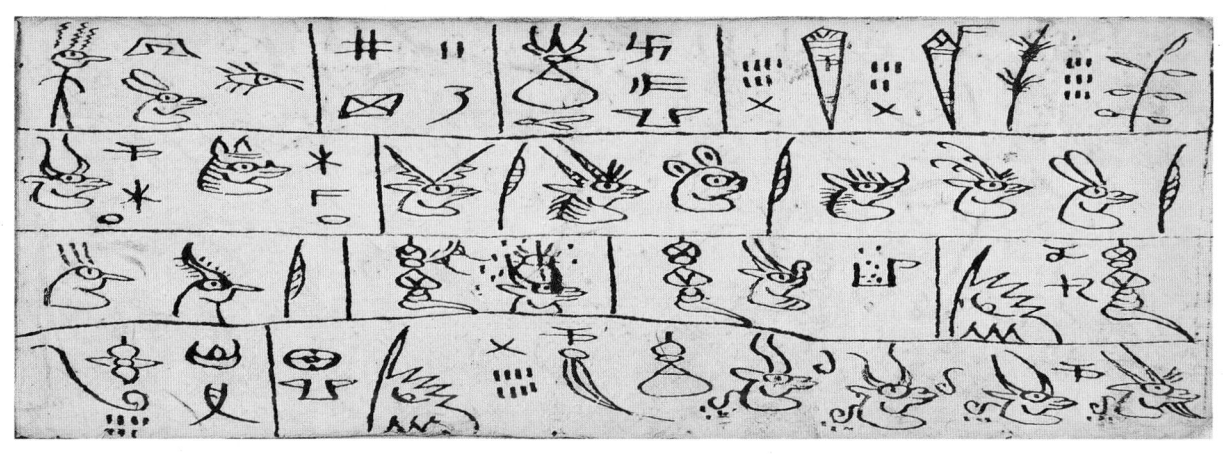

第五十二卷 纳西族

云南少数民族古籍珍本集成

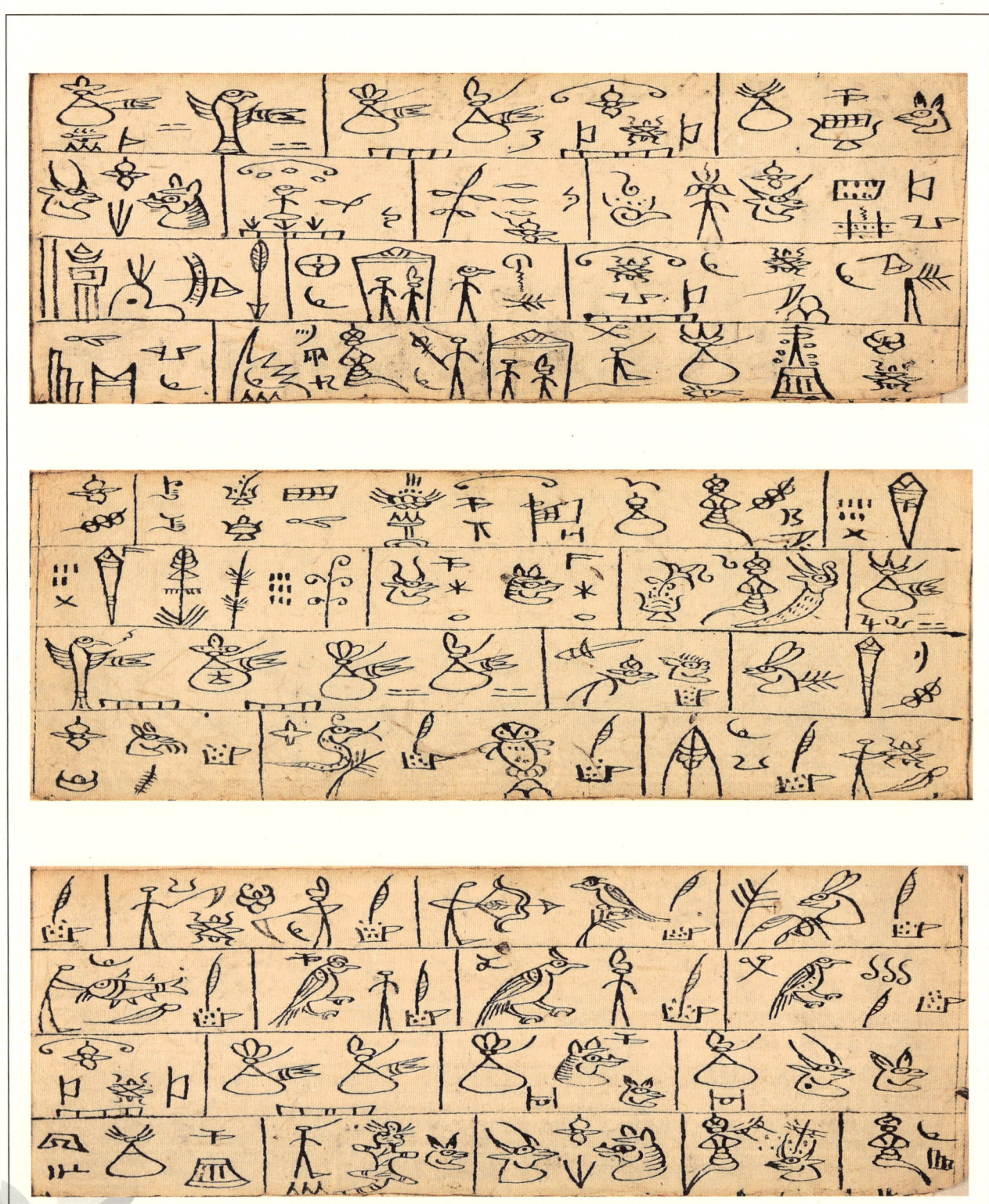

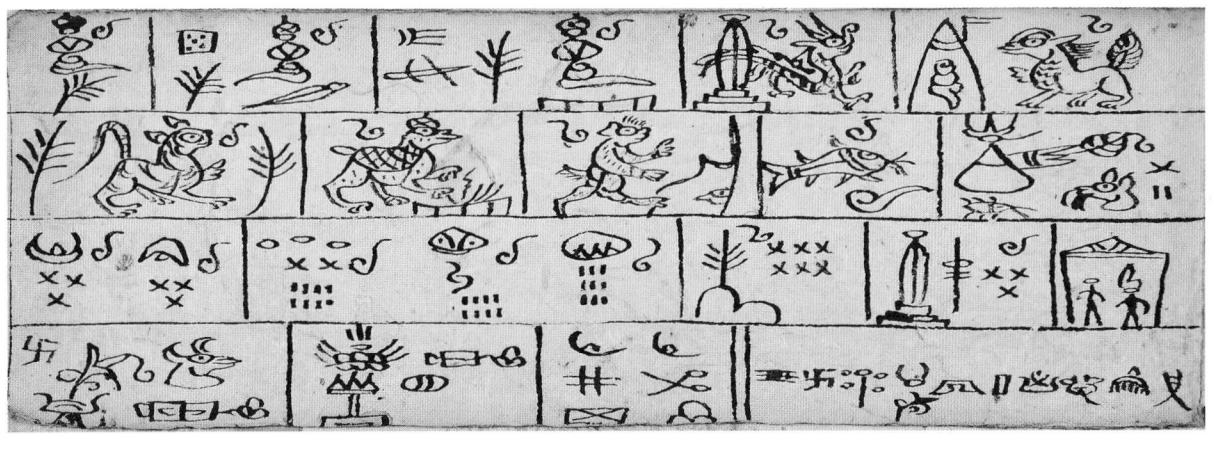

祭署仪式·都沙敖吐的故事

纳西族东巴经。流传于云南省丽江市纳西族地区。不分卷，1册。佚名撰。纽莎许罗外出打猎遇到了都宙许玛，两人一见钟情。仆人将都宙许玛的所作所为告诉了外出放牧的都沙敖吐。都沙敖吐赶回家将纽莎许罗砍成三节，因此得罪了署酋，被抓去了灵魂。只有请东巴作祭之后，病才好。旧抄本，线订册叶装，墨书，有彩色封面。开本高9.5厘米，广28厘米，每页三行。保存完好，今藏于丽江市东巴文化研究院。

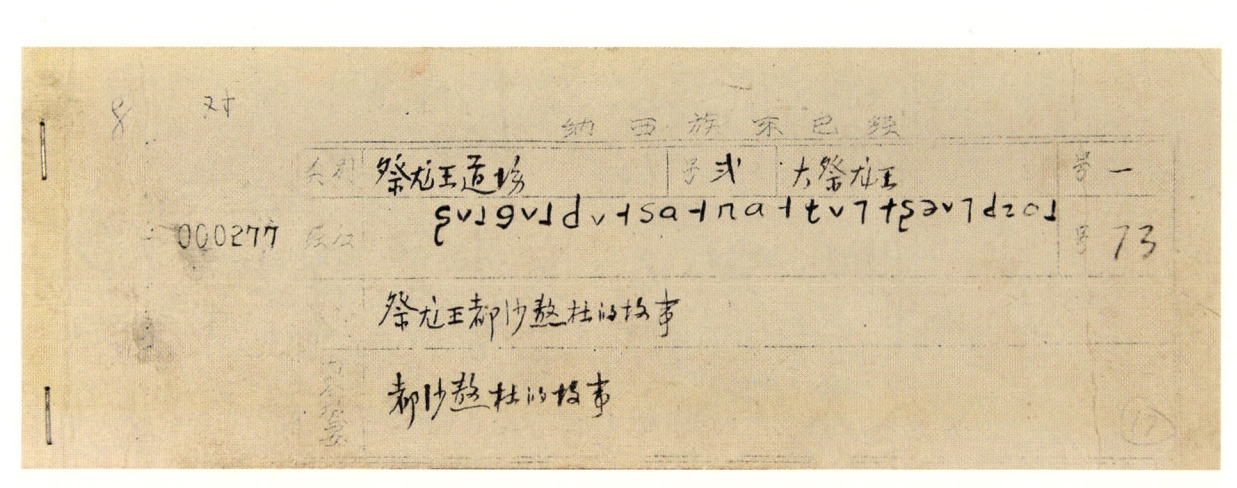

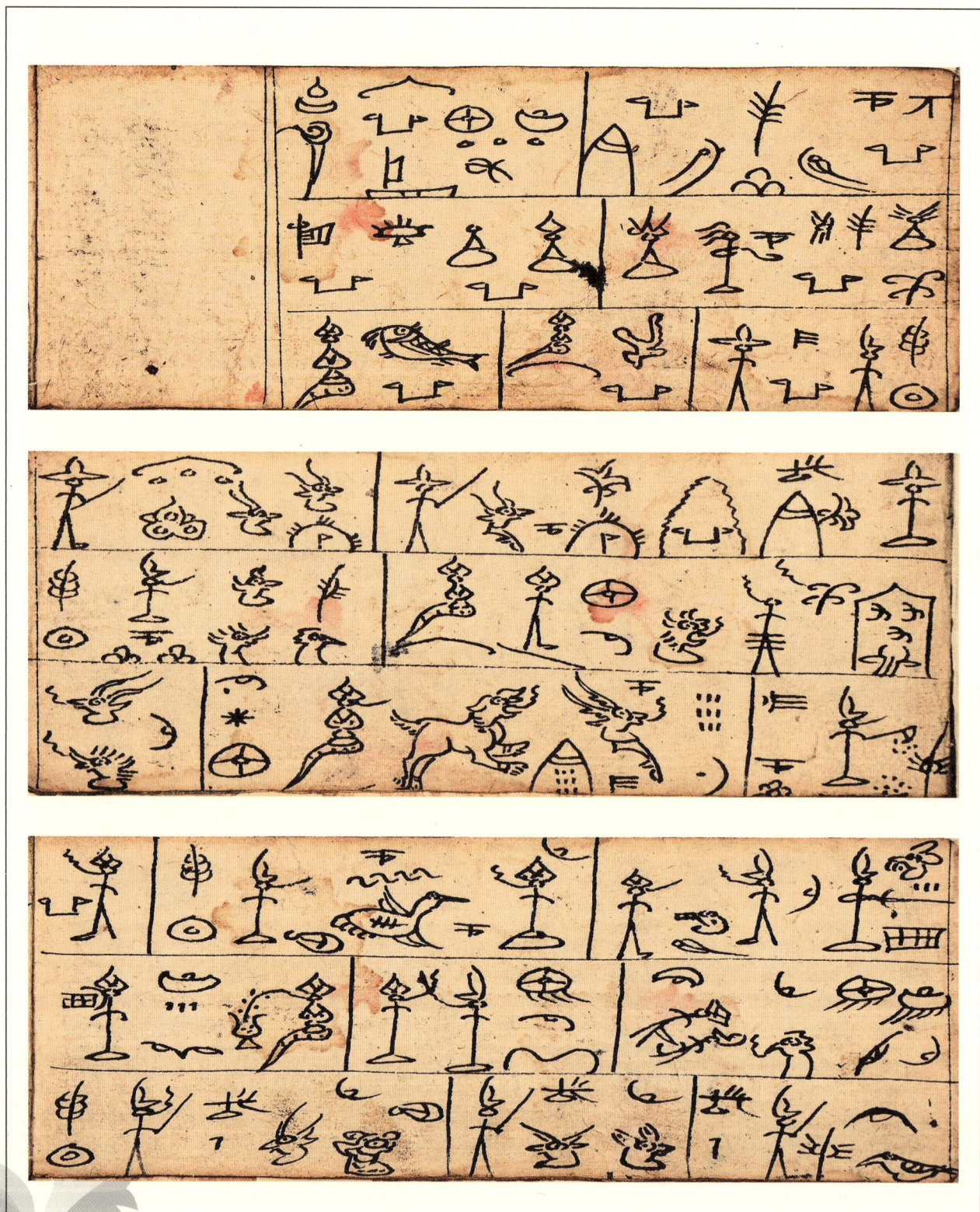

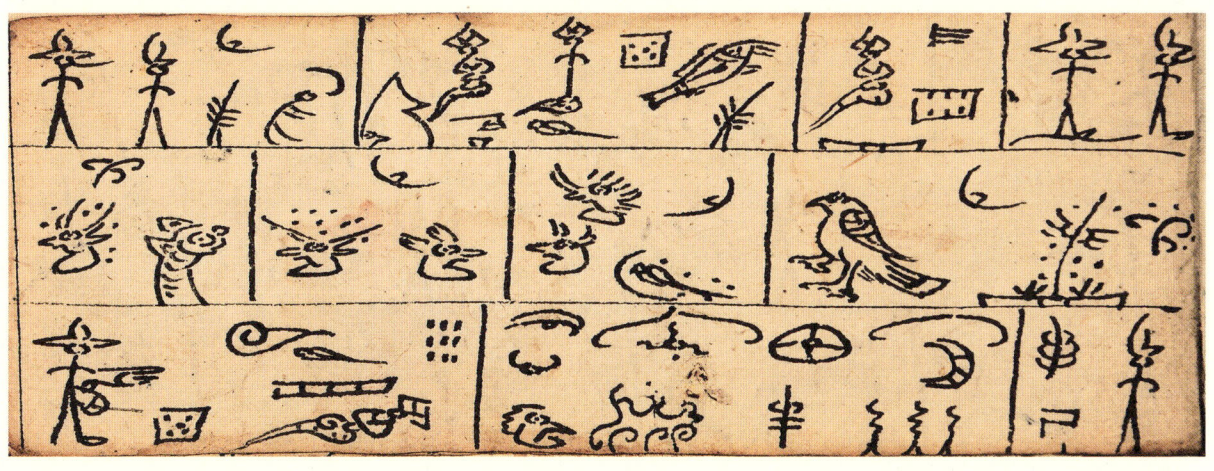

第五十二卷　纳西族

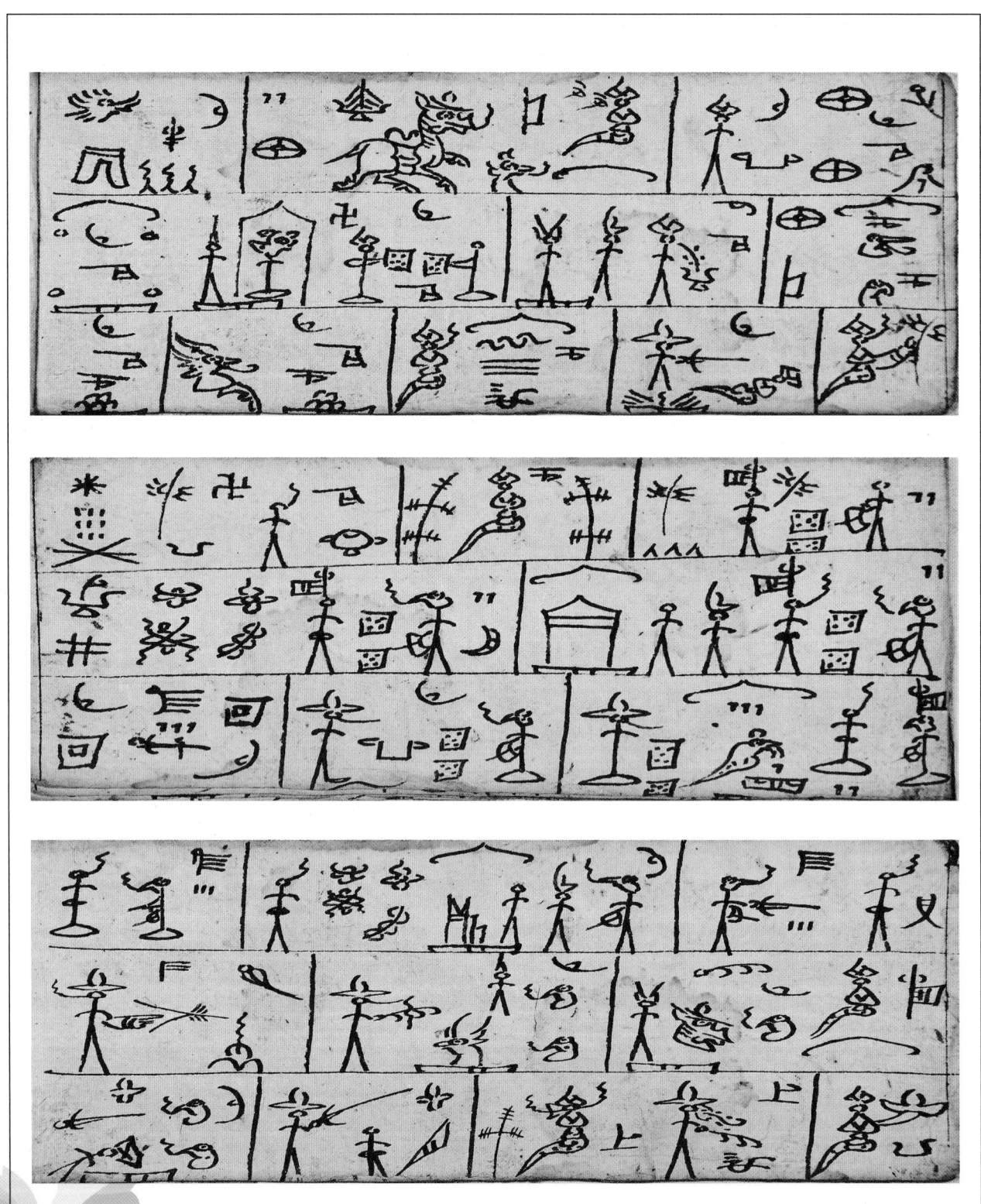

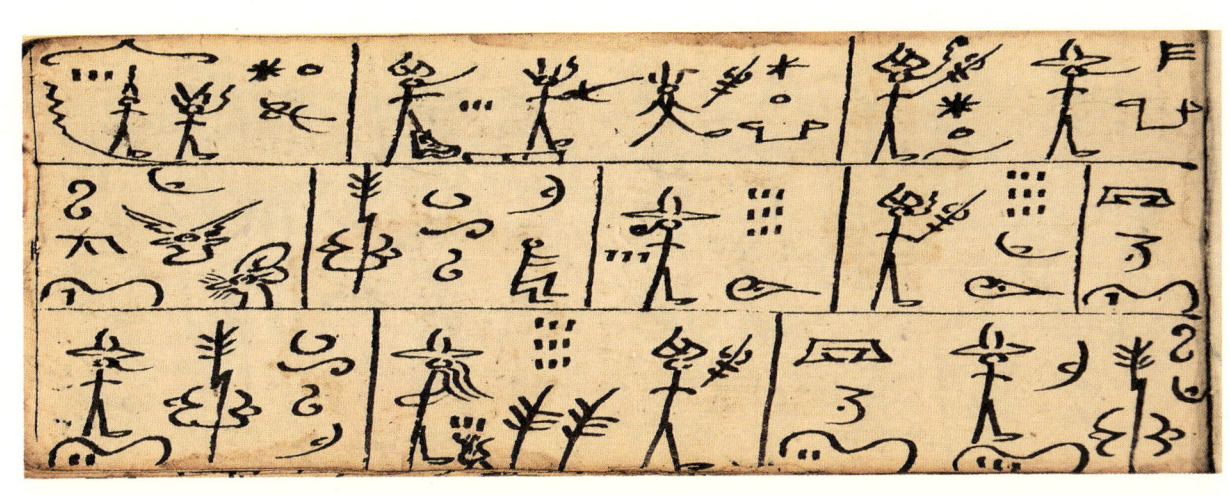
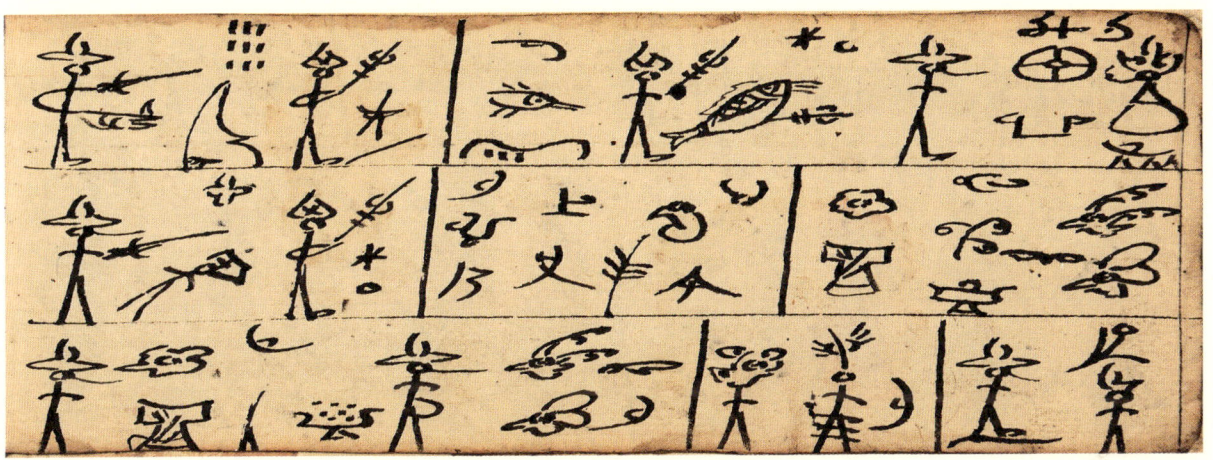

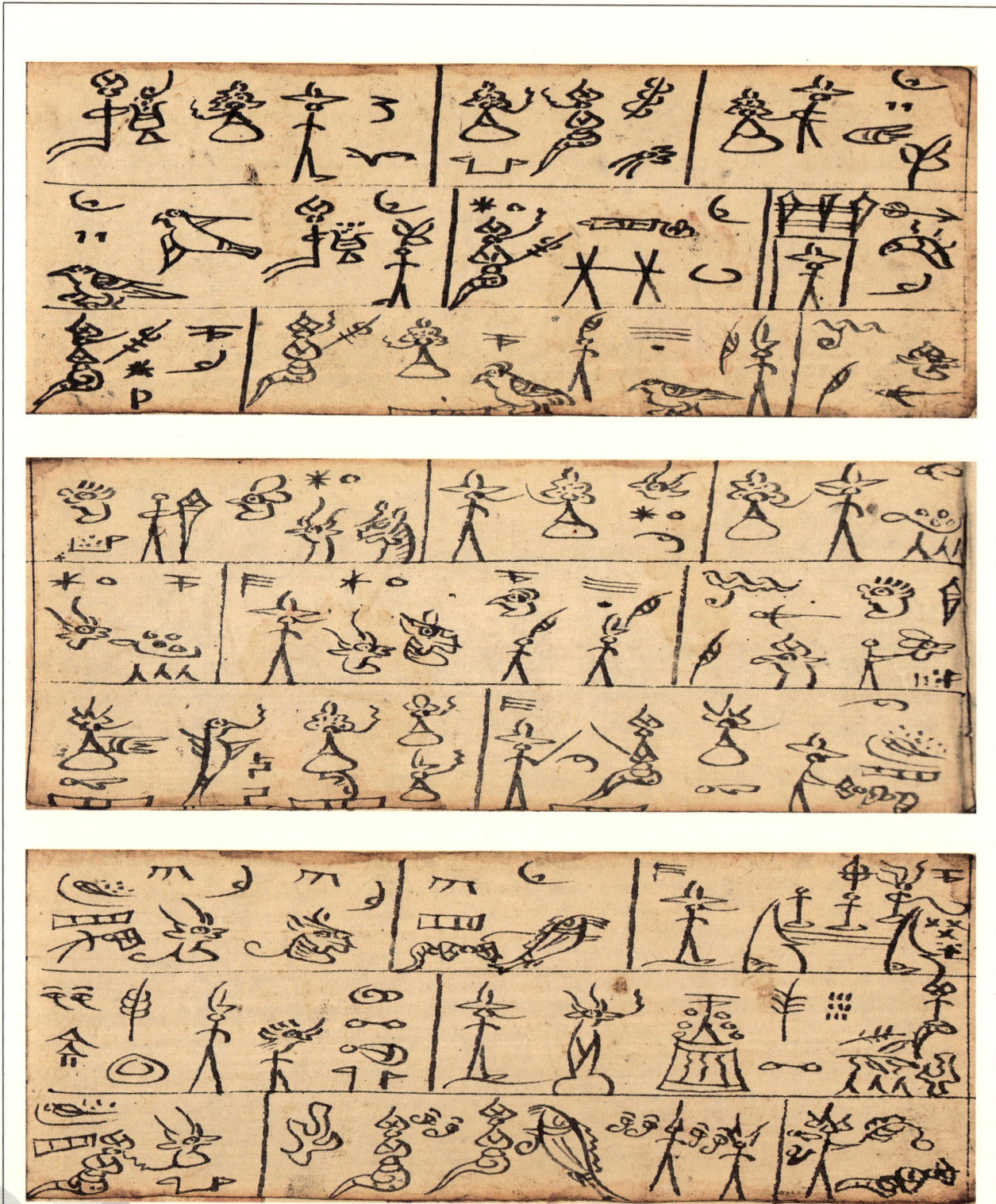

第五十二卷　纳西族

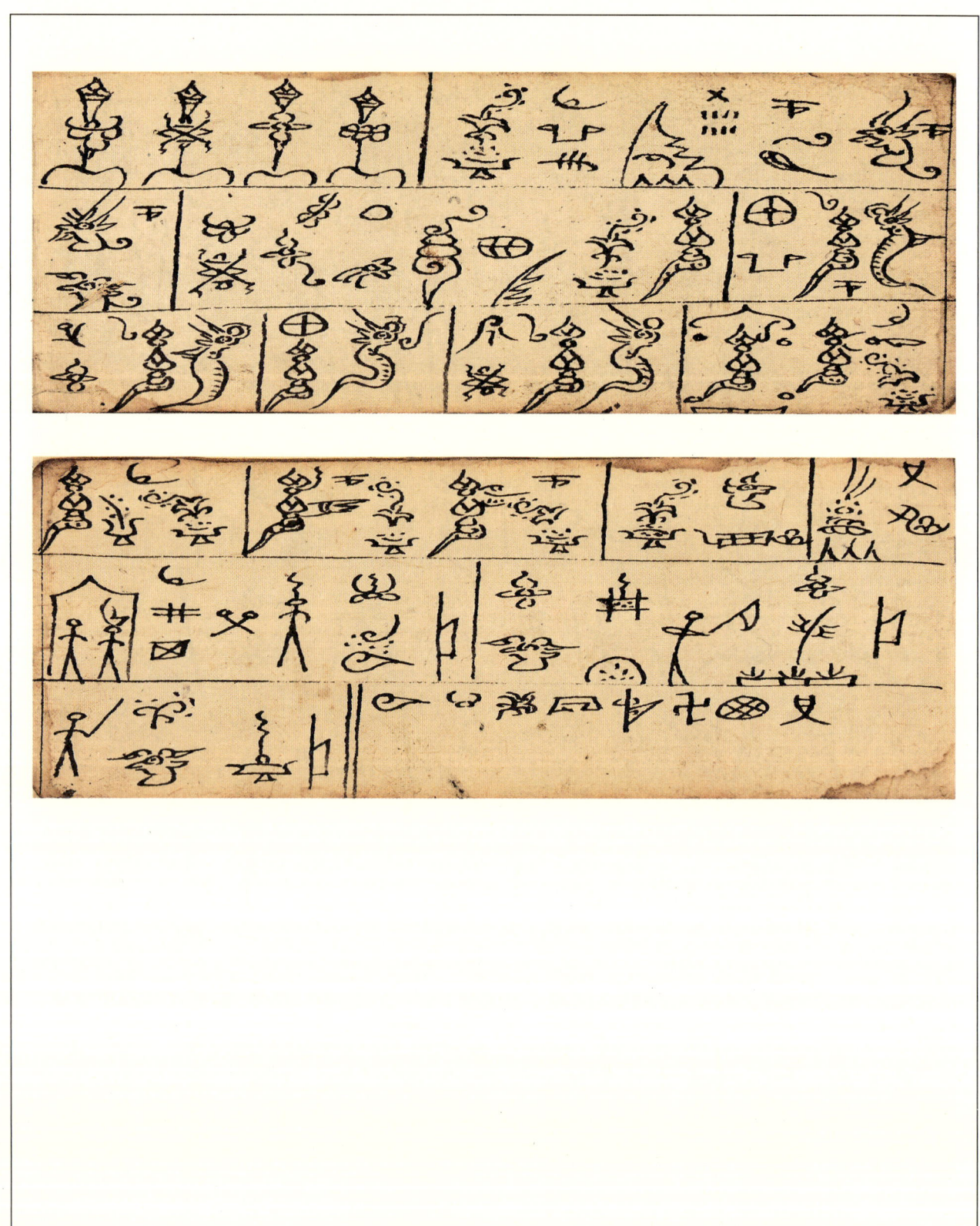

祭署仪式·崇忍利恩的故事

纳西族东巴经。流传于云南省丽江市纳西族地区。不分卷，1册。佚名撰。讲述了祭祀署和尼的由来及祭祀仪式的过程与方法，请东巴向署祭祀，以求福泽与子嗣。崇忍利恩的灵魂被署偷走了，全身疼痛。衬恒褒白通过占卜提示请久补土蛍东巴作仪式，给署和尼做了补偿，崇忍利恩的病痛才好。旧抄本，线订册叶装，墨书。开本高10.1厘米，广29.5厘米，每页三行。保存完好，今藏于丽江市东巴文化研究院。

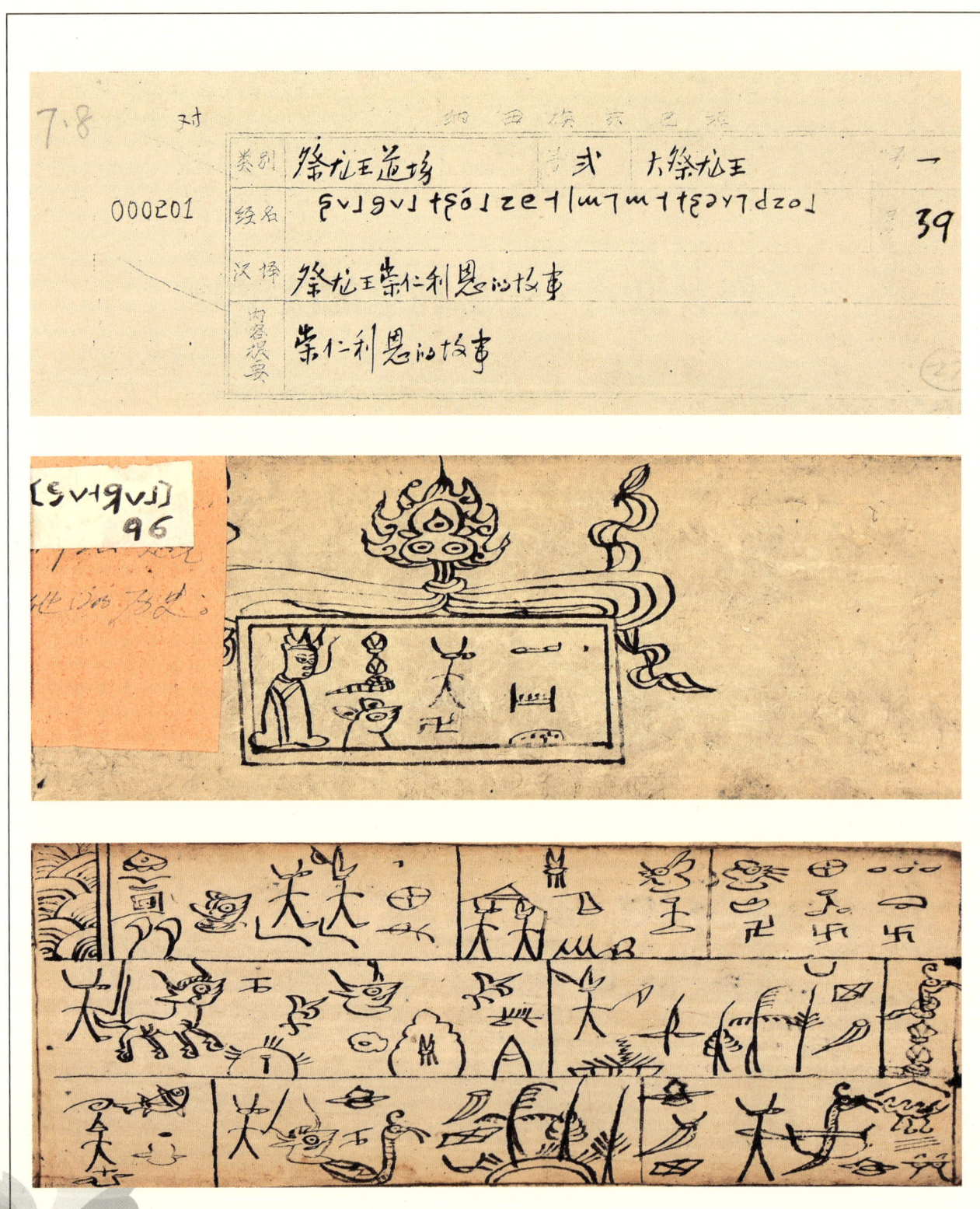

第五十二卷 纳西族

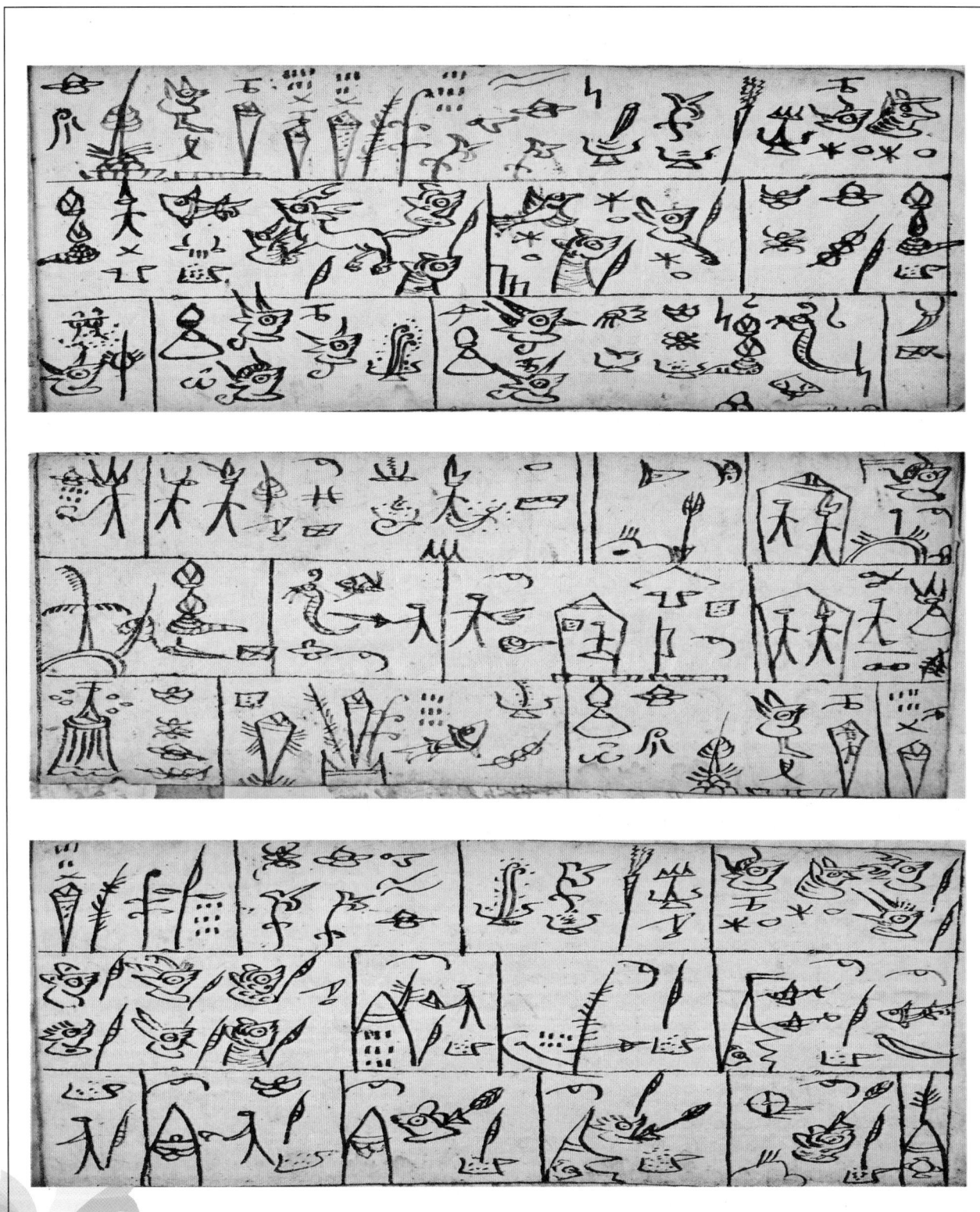

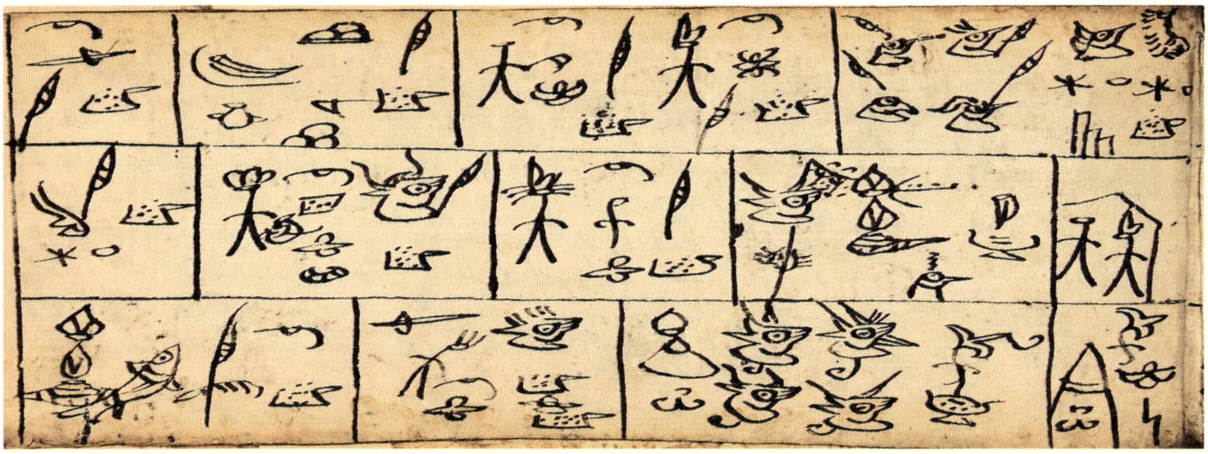

第五十二卷　纳西族

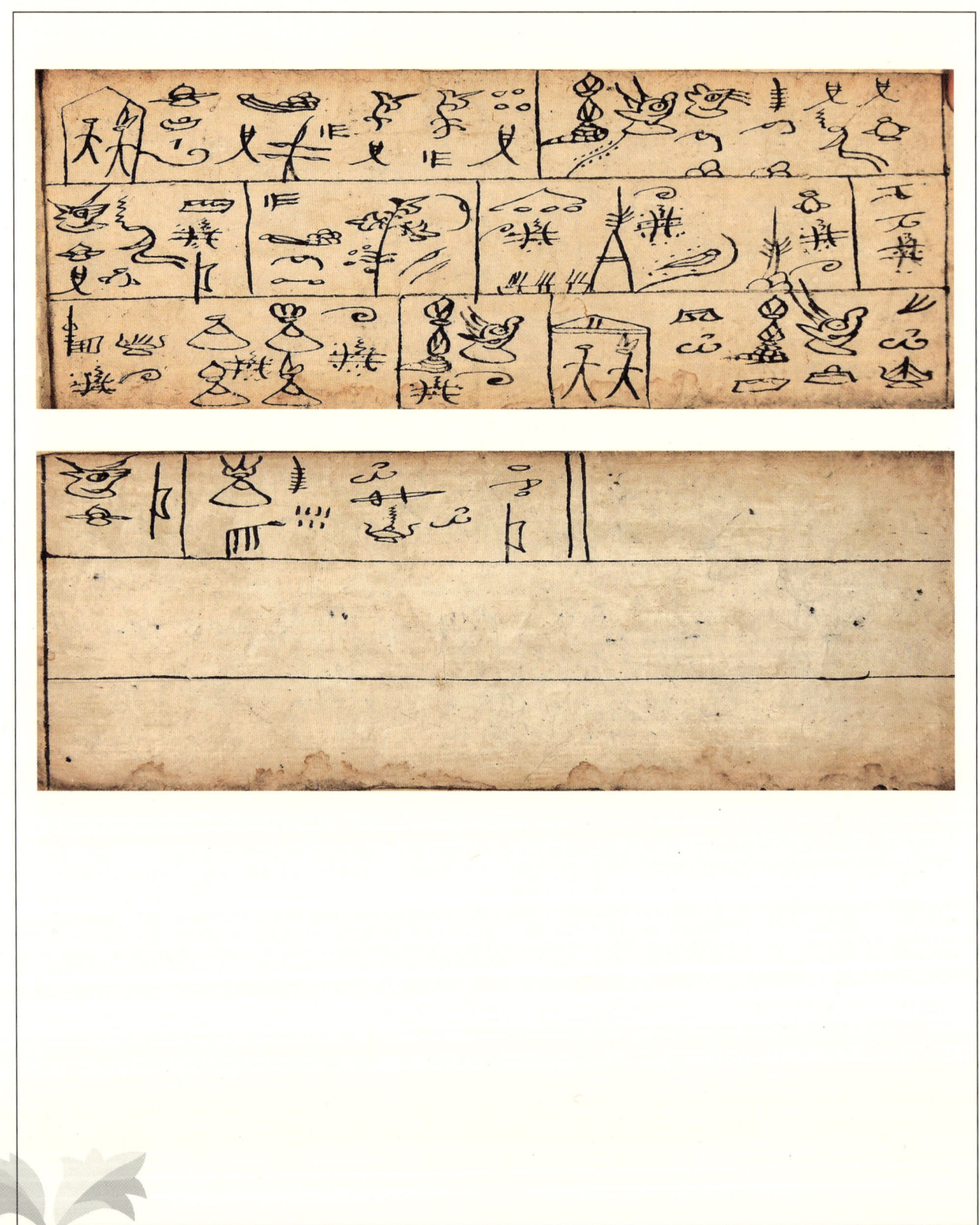

祭署仪式·美利恒孜与桑汝尼麻的故事

纳西族东巴经。流传于云南省丽江市纳西族地区。不分卷，1册。佚名撰。讲述了祭署仪式的由来以及通过祭署仪式保佑主人家寿岁与平安，福泽与子嗣。美利恒孜放牧到桑汝尼麻的地方，丢失了牲口。美利恒孜承诺，谁能杀了他便将自己的女儿恒命社首麻嫁给他。古生土虽杀了桑汝尼麻并娶到了恒命社首麻。美利恒孜病了，女儿请卜师占卜后又请来东巴做仪式，偿还署的债，矛盾才得以解决。旧抄本，线订册叶装，墨书。开本高9.2厘米，广29厘米，每页三行。保存完好，今藏于丽江市东巴文化研究院。

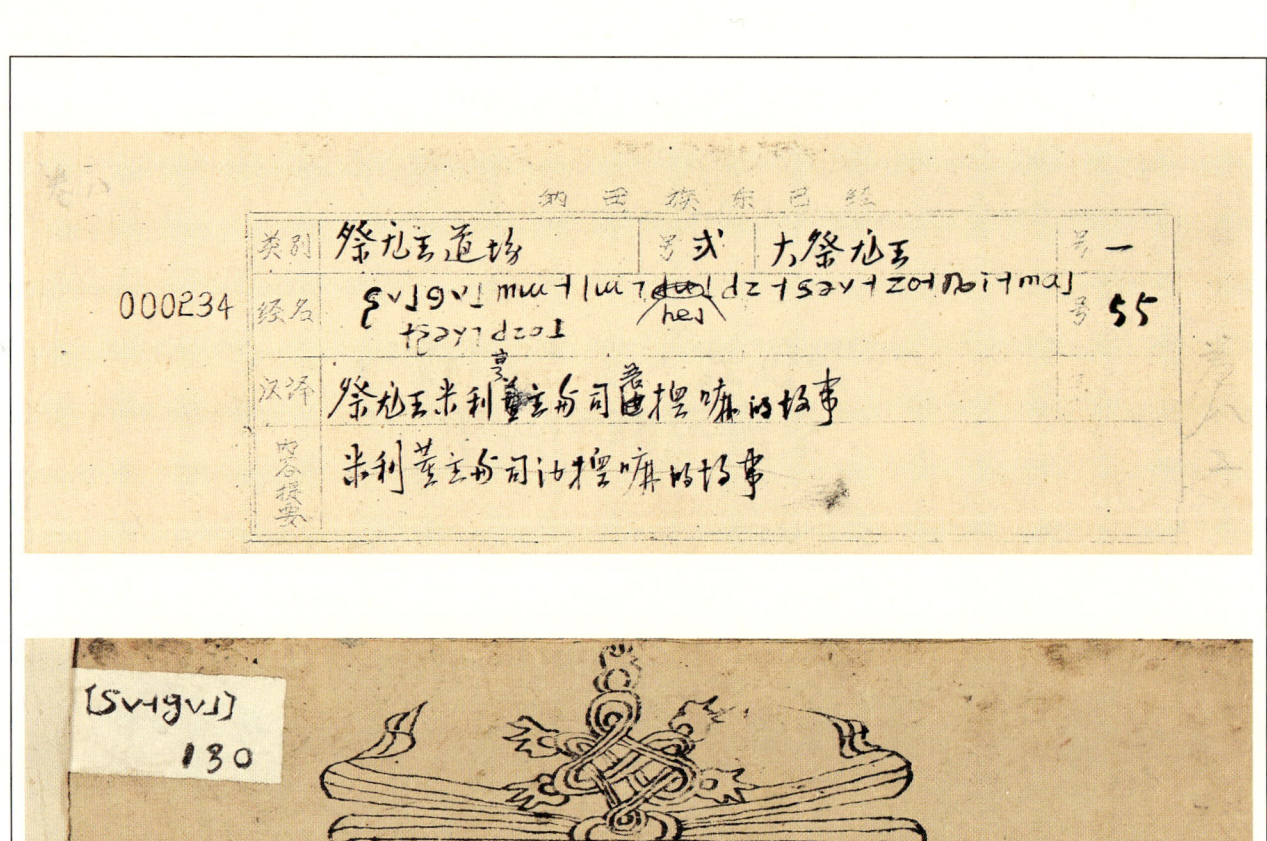

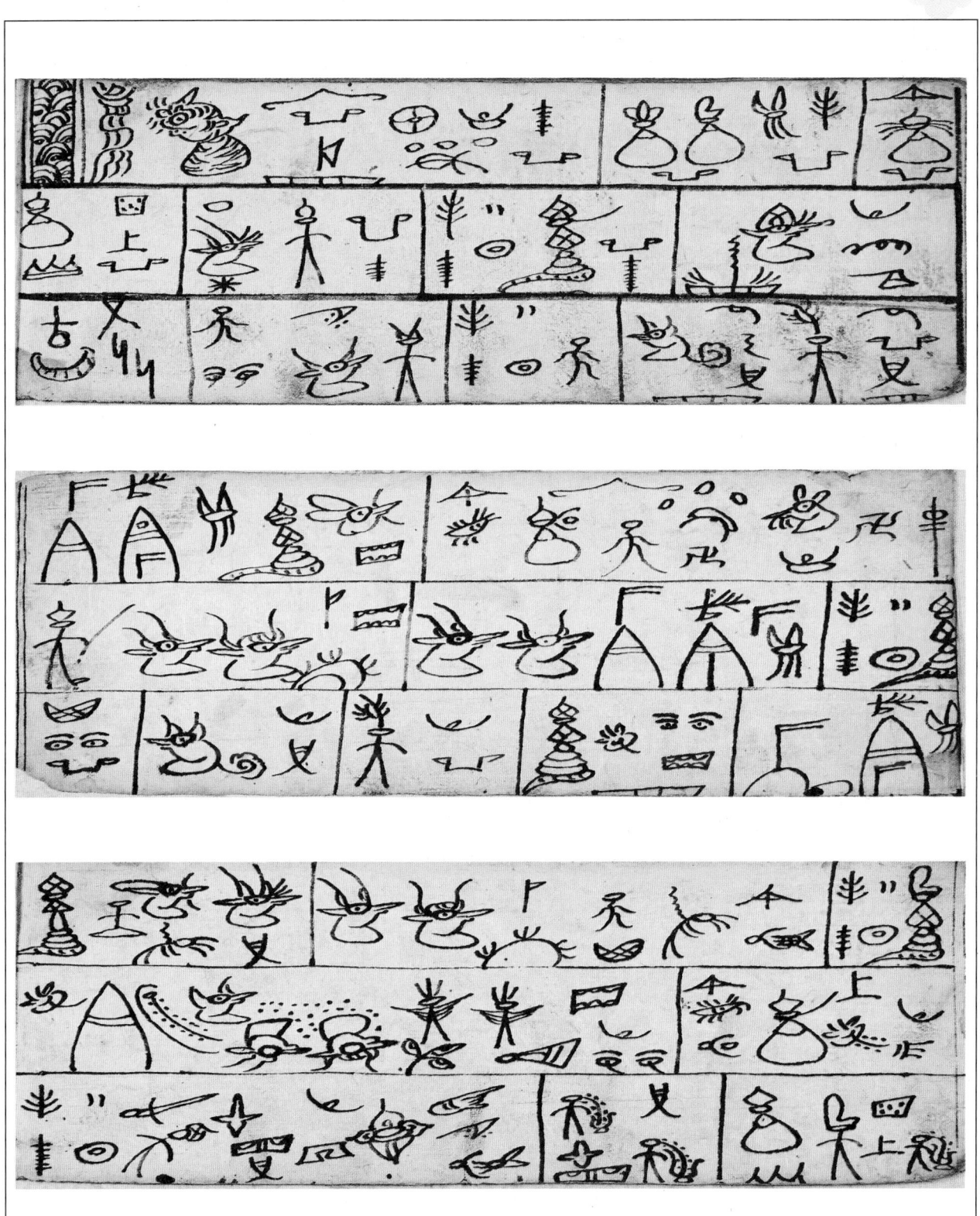

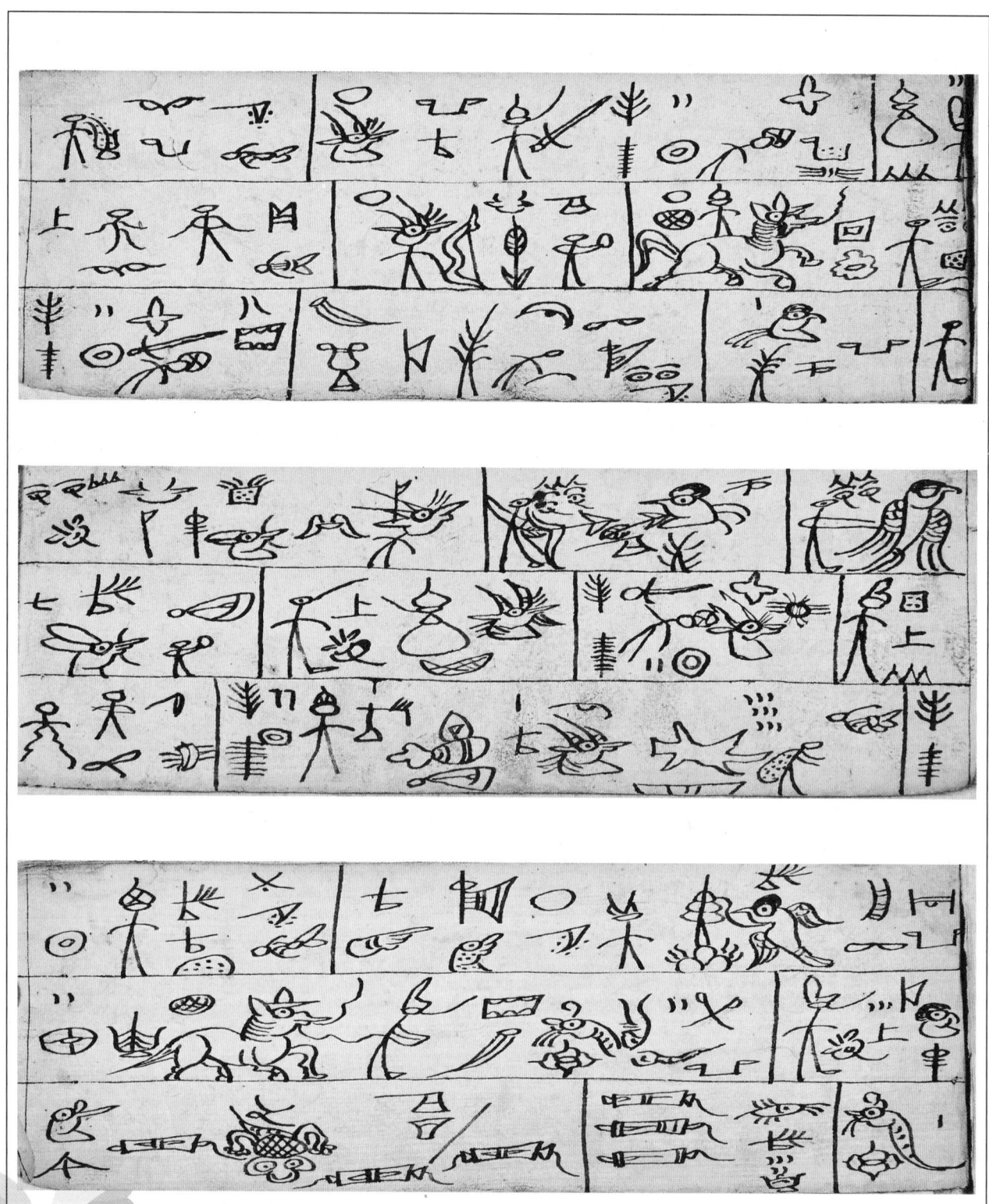

第五十二卷　纳西族

云南少数民族古籍珍本集成

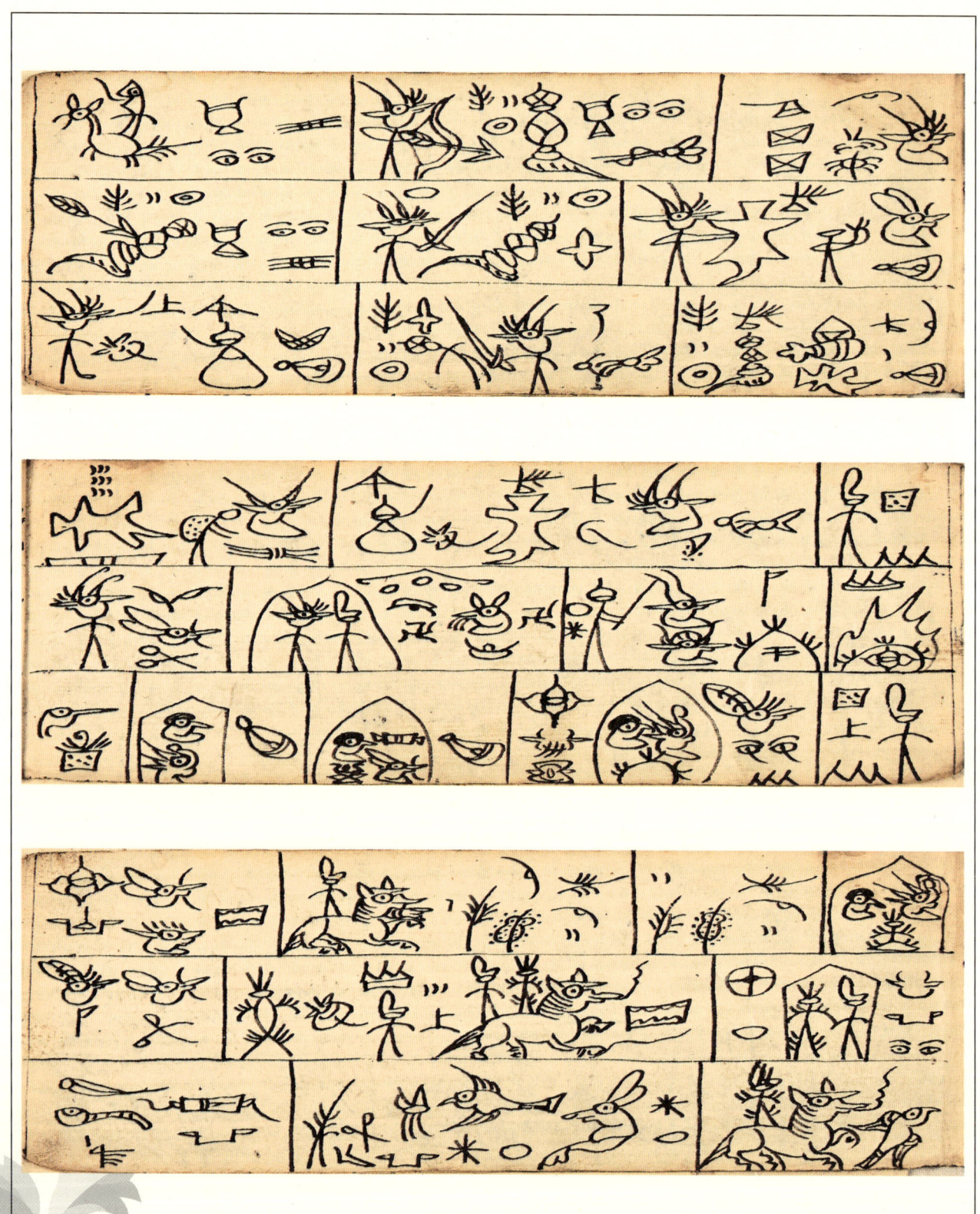

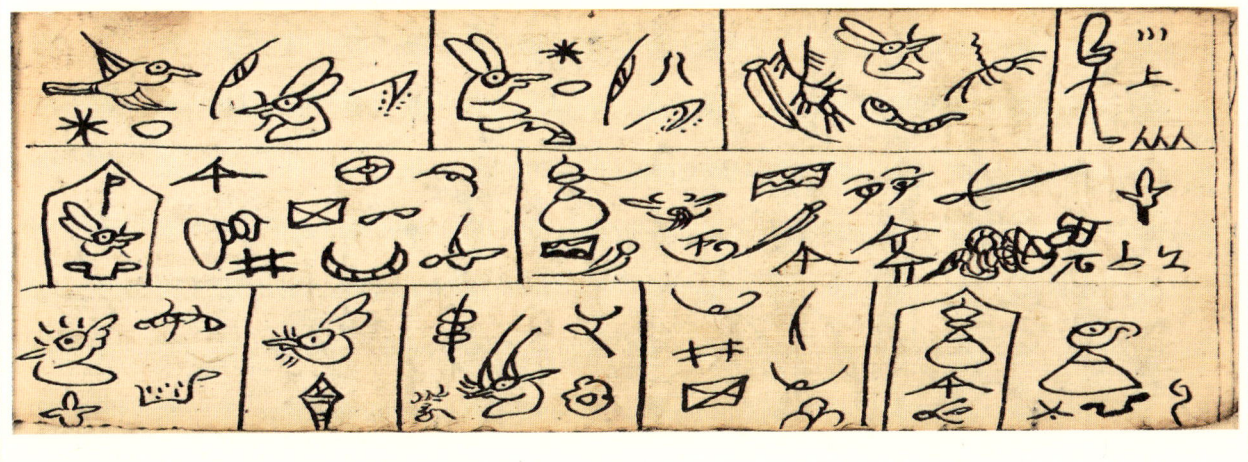

第五十二卷 纳西族

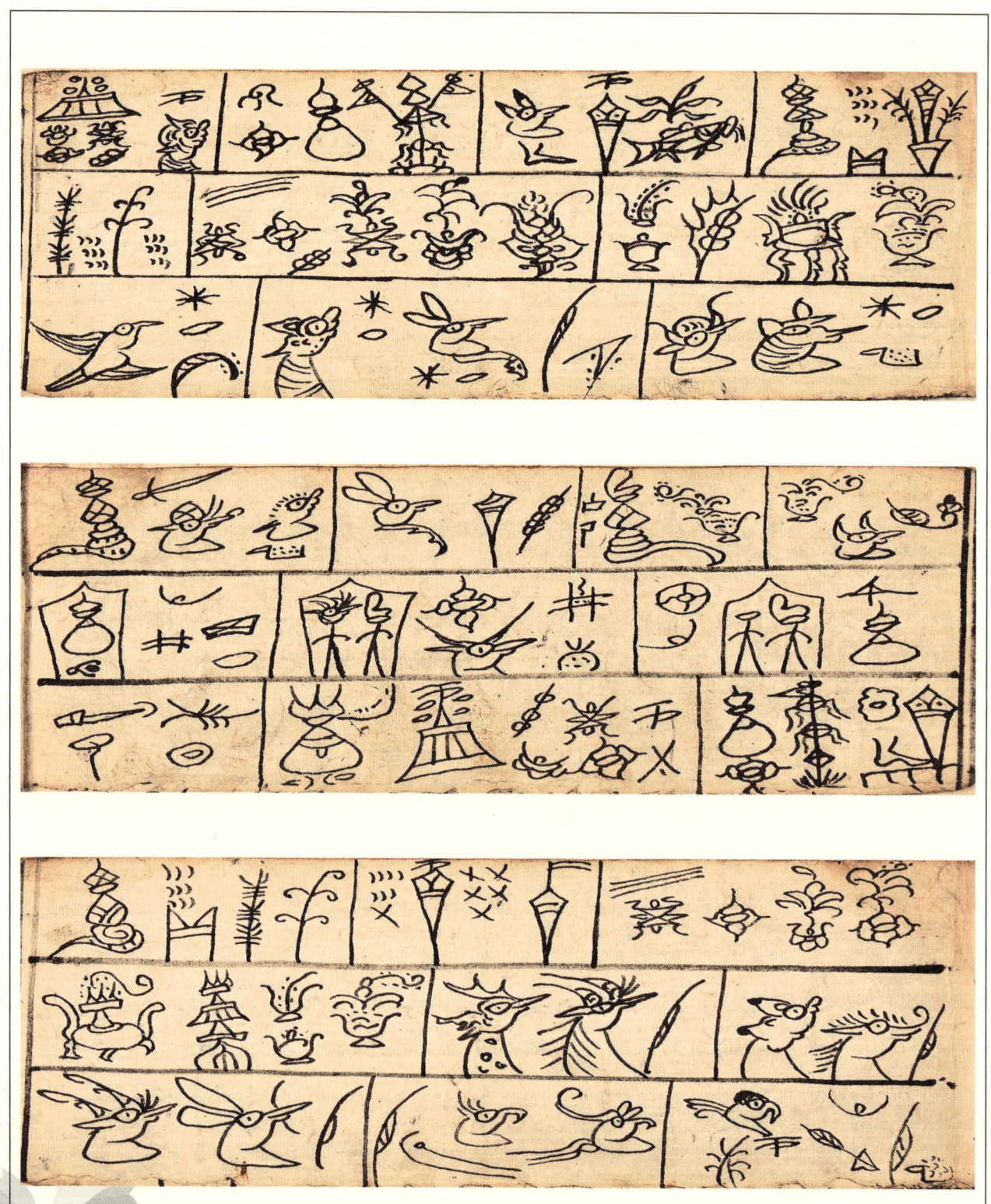

第五十二卷 纳西族

祭署仪式·崇忍利恩与红眼仄若的故事

　　纳西族东巴经。流传于云南省丽江市纳西族地区。不分卷，1册。卷尾注此经典为多启的书。讲述了祭署仪式的由来：崇忍利恩和红眼仄若都因为小事得罪了署，病痛缠身，只有请东巴做了仪式，偿还了署的债，病痛才好。因此他们的后人要在没有病痛的时候就请东巴来作祭署仪式，保佑心安神宁，免除灾难。旧抄本，线订册叶装，墨书，有彩色封面。开本高11.3厘米，广31.2厘米，每页三行。保存完好，今藏于丽江市东巴文化研究院。

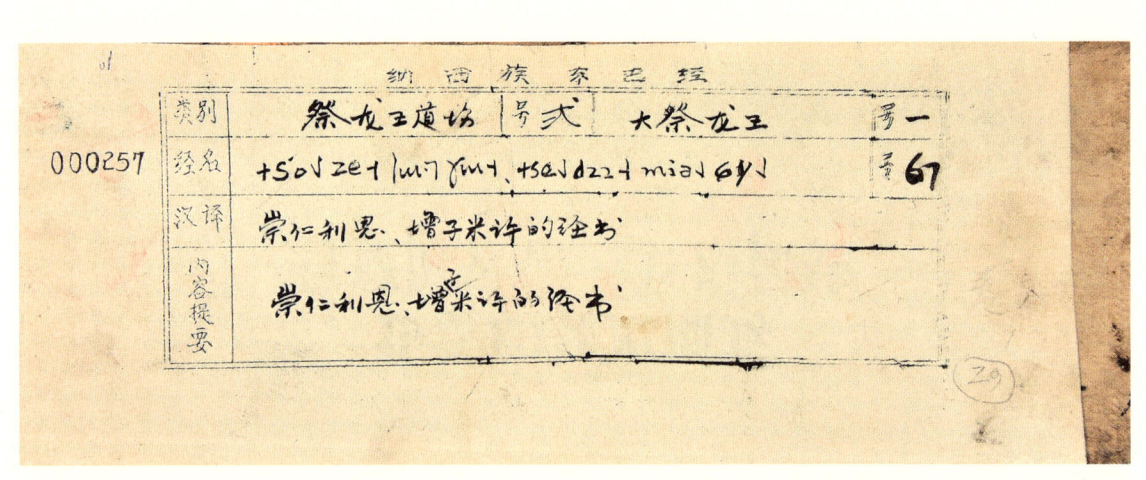

第五十二卷 纳西族

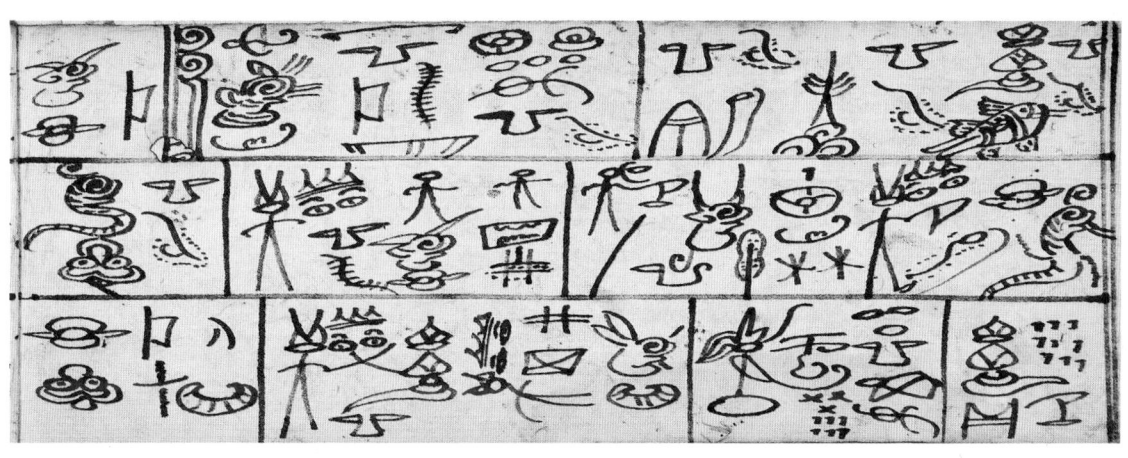

第五十二卷 纳西族

云南少数民族古籍珍本集成

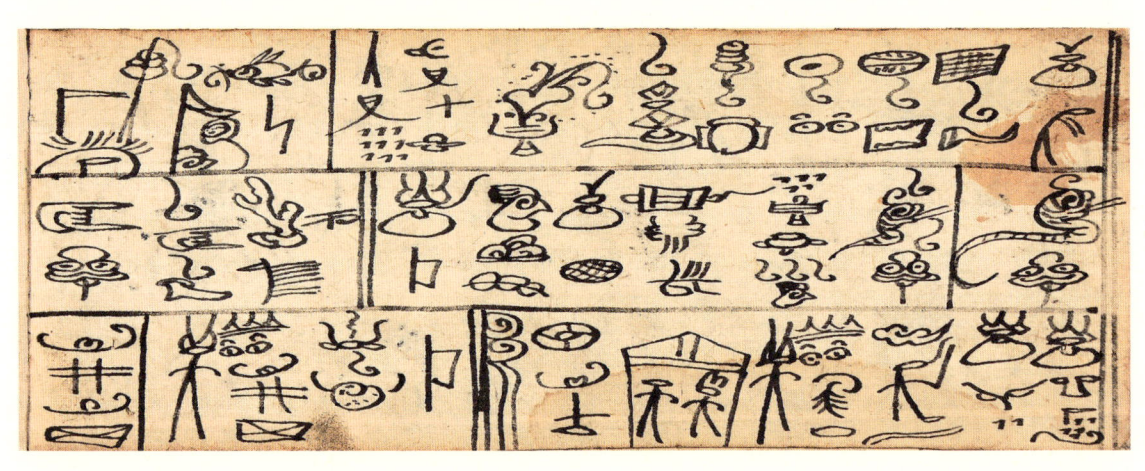

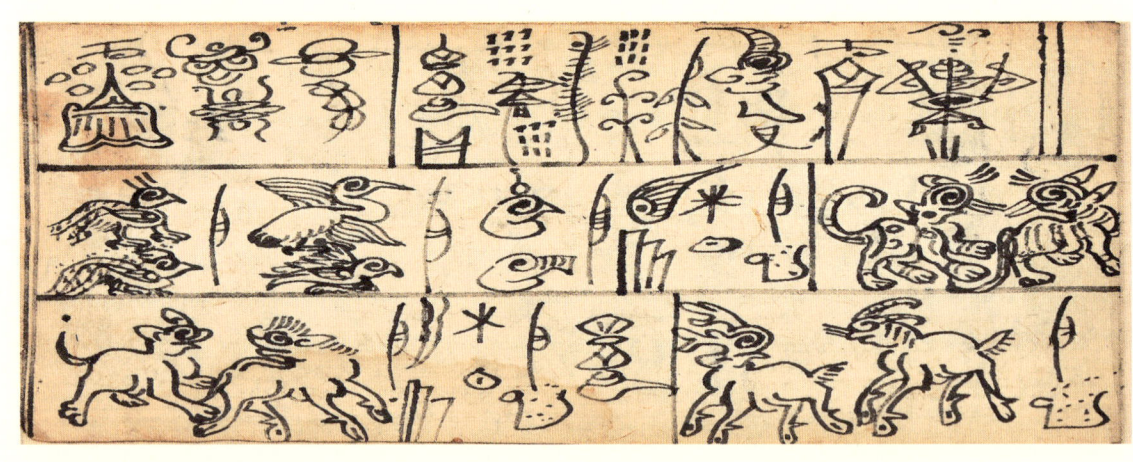

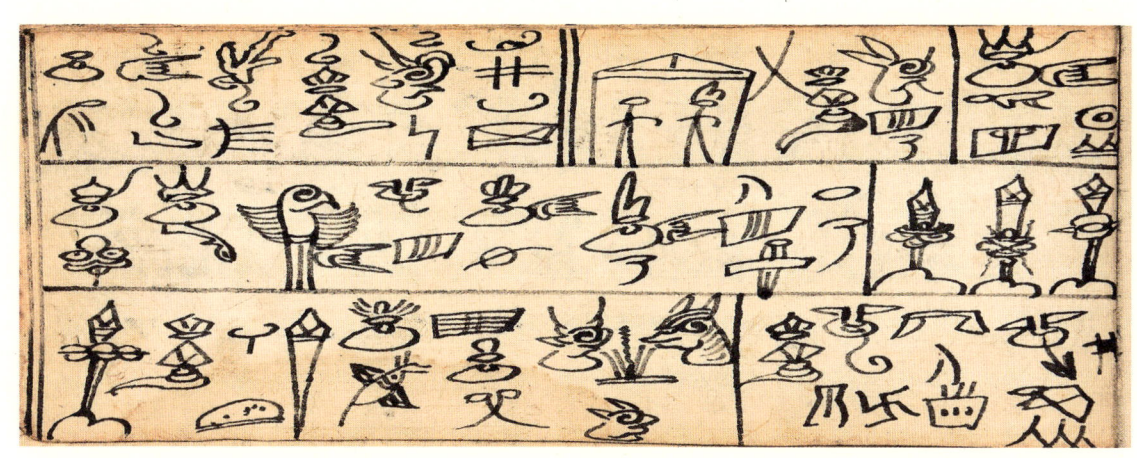

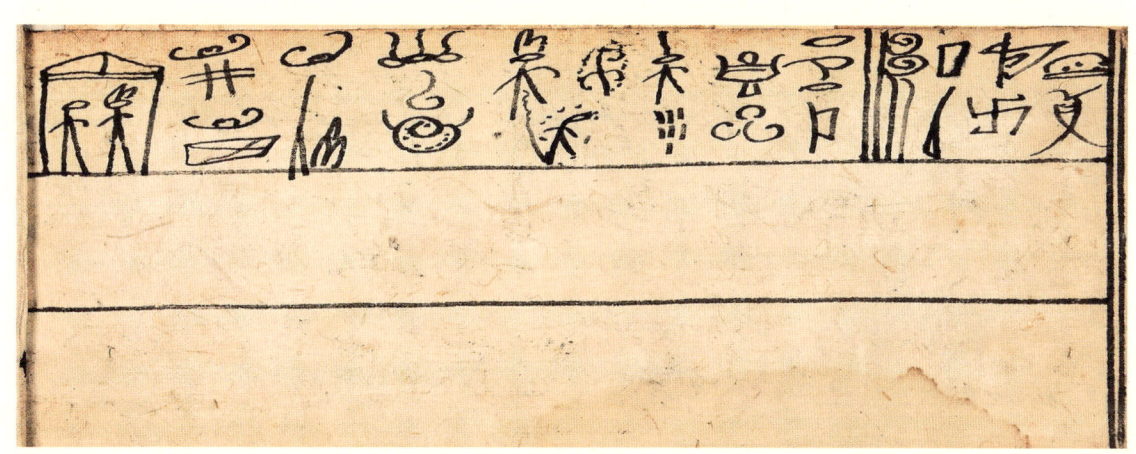

延寿仪式·献牲·献圣灵药·求福泽

纳西族东巴经。流传于云南省丽江市纳西族地区。不分卷，1册。新主和世俊东巴书。讲述了纳西族延寿仪式仪规。迎请神灵时献牲的利刃要找战神巴乌优麻，献上的牺牲要确保纯洁干净。然后再献上圣灵药。如此便能向神求福泽和子嗣，庇护家人。旧抄本，线订册叶装。开本高9.7厘米，广28.5厘米，每页四行。保存完好，今藏于丽江市东巴文化研究院。

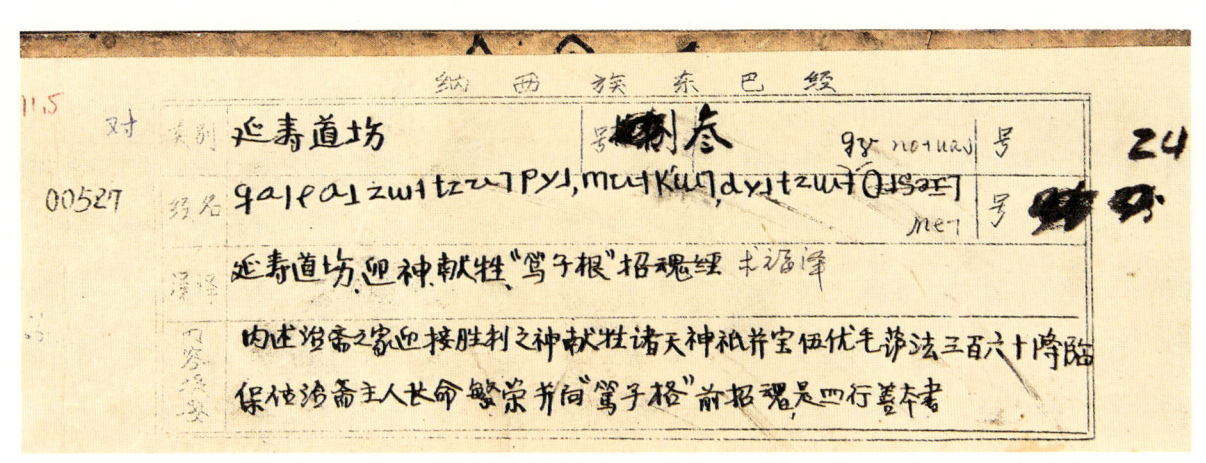

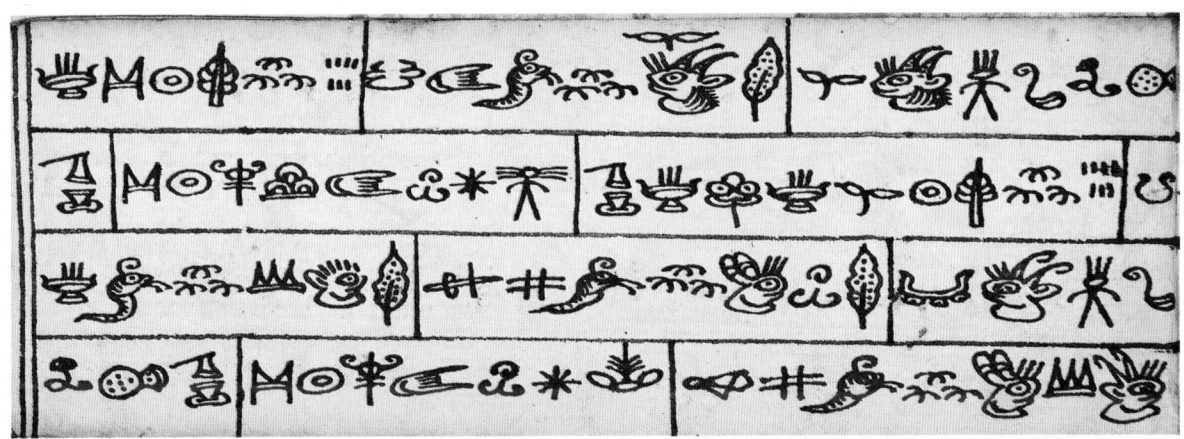
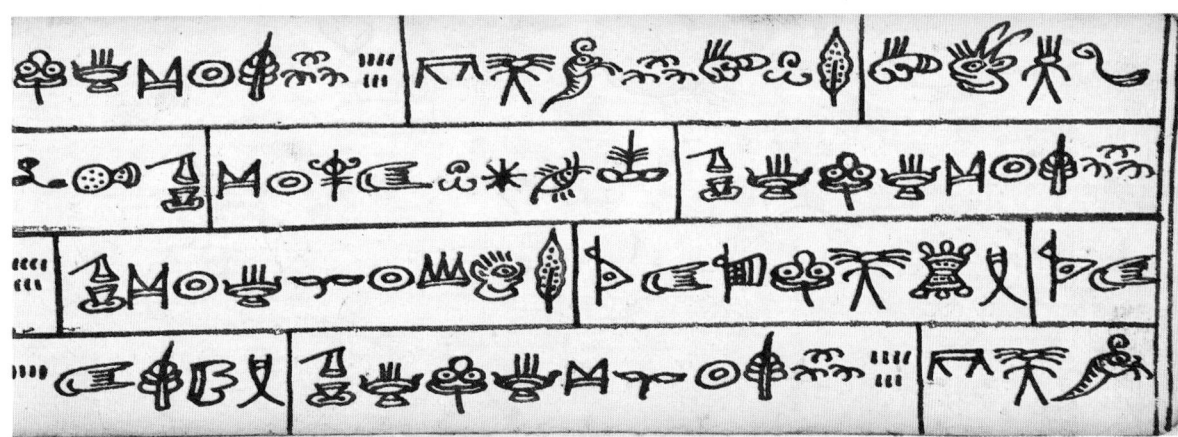

云南少数民族古籍珍本集成

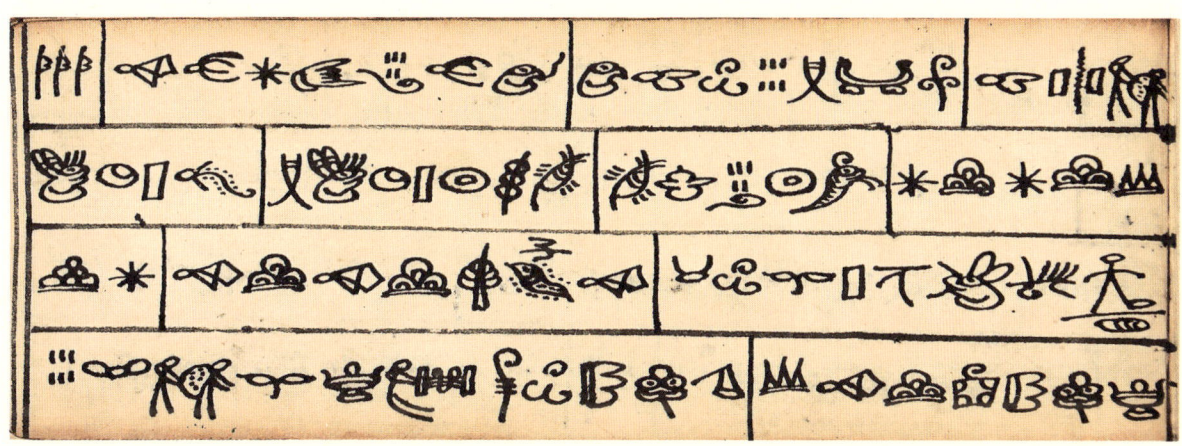
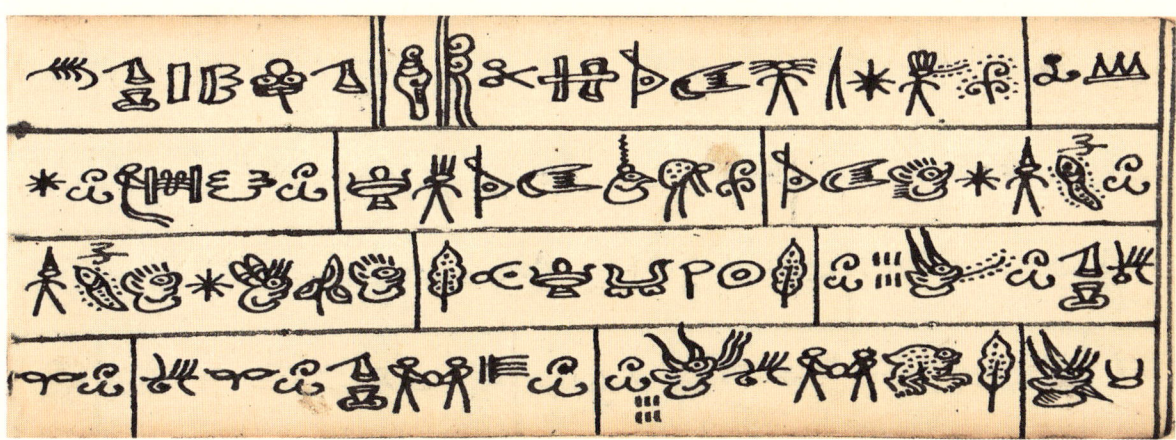

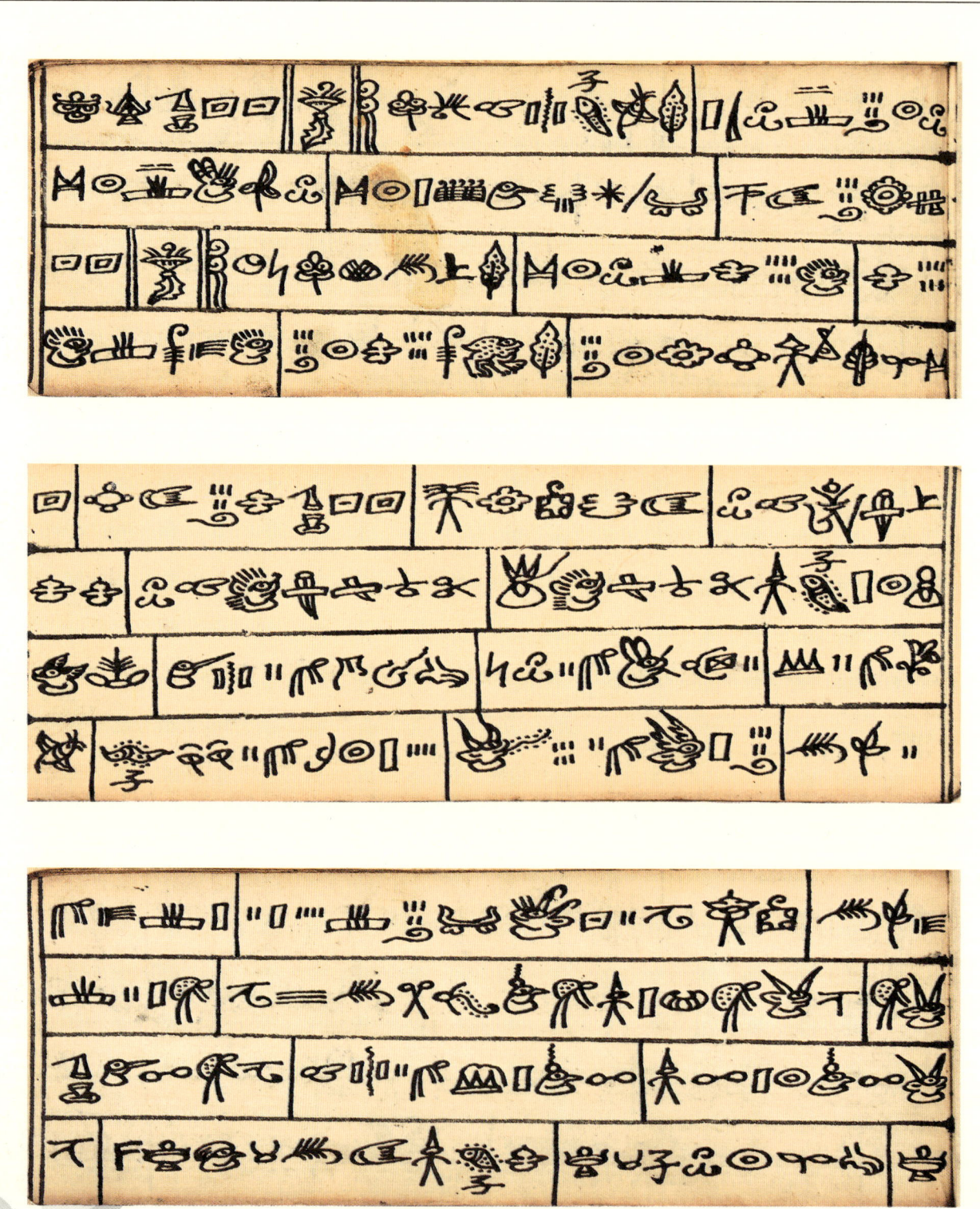

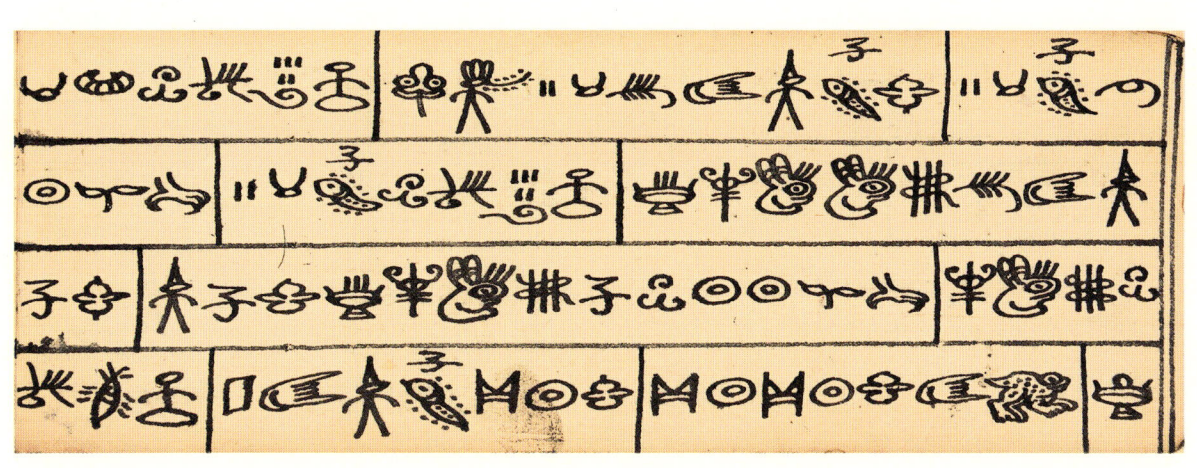
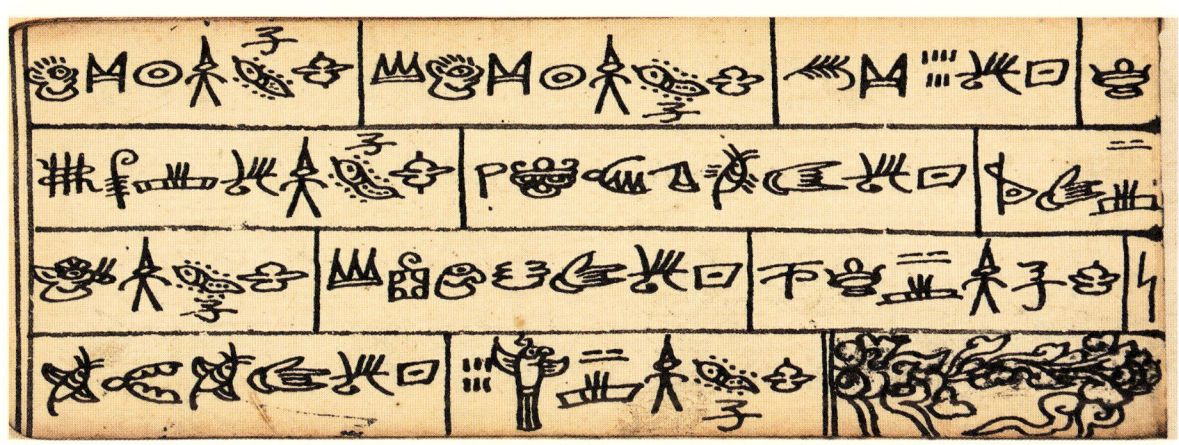

第五十二卷 纳西族

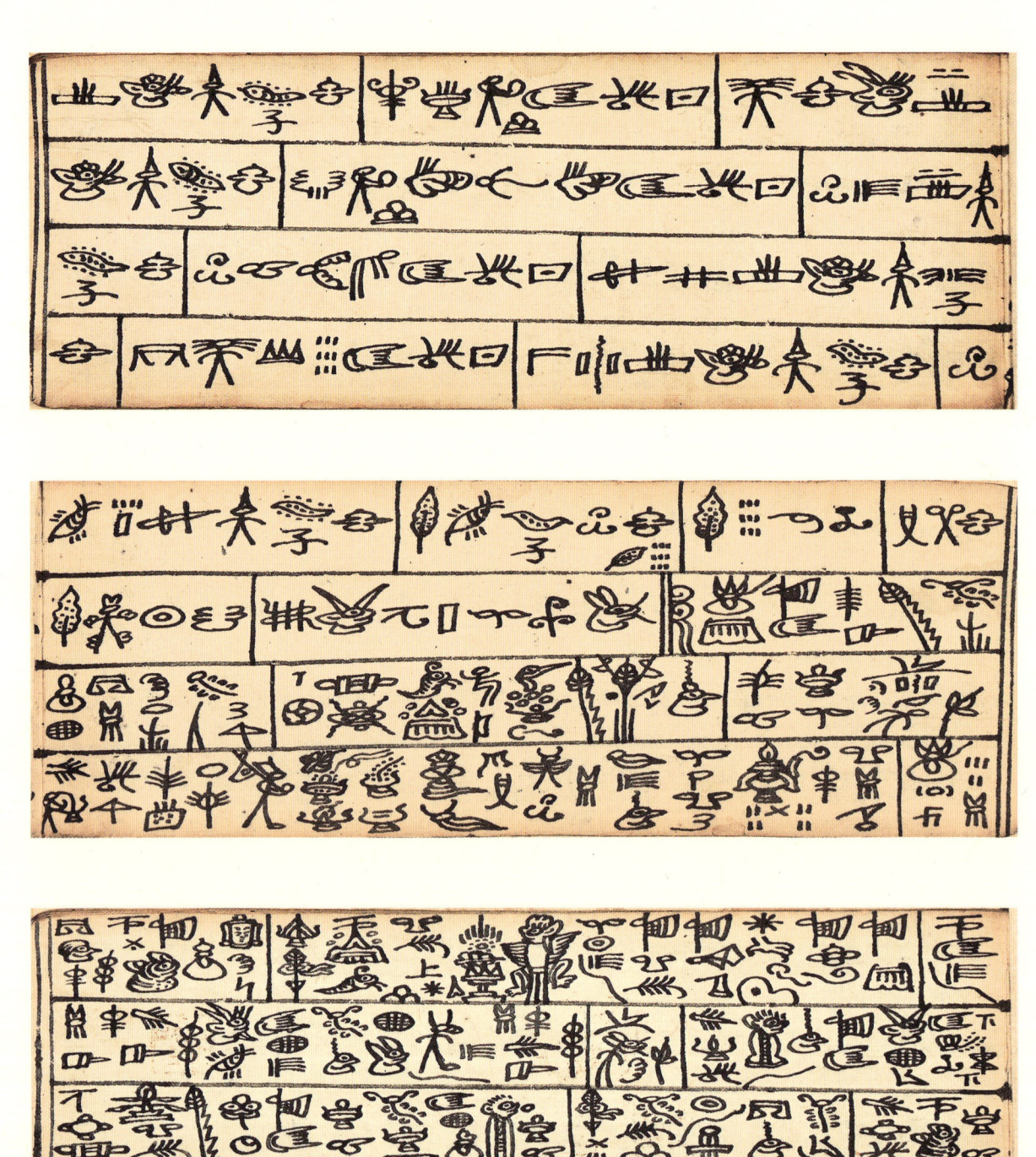

延寿仪式·东巴弟子求威灵·上

　　纳西族东巴经。流传于云南省丽江市纳西族地区。不分卷，1册。新主和世俊东巴书。讲述了东巴弟子受天上各位大神赐教不仅获得了使用三百六十件卜具占卜的本领、祭祀的用具、占卜的器具等三份财富和三套本领，还获得了勇猛无比、求生儿育女、富裕强盛、常胜不败、能干神速、延年益寿、作法变化、压鬼踩鬼、写书、诵读的本领。旧抄本，线订册叶装，墨书。开本高9.6厘米，广28.2厘米，每页三行。保存完好，今藏于丽江市东巴文化研究院。

第五十二卷　纳西族

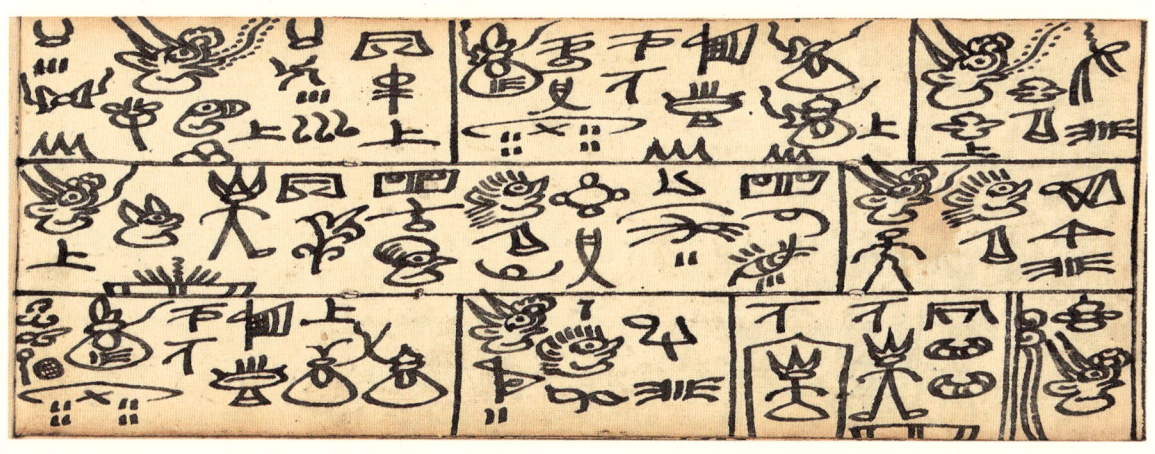

第五十二卷　纳西族

云南少数民族古籍珍本集成

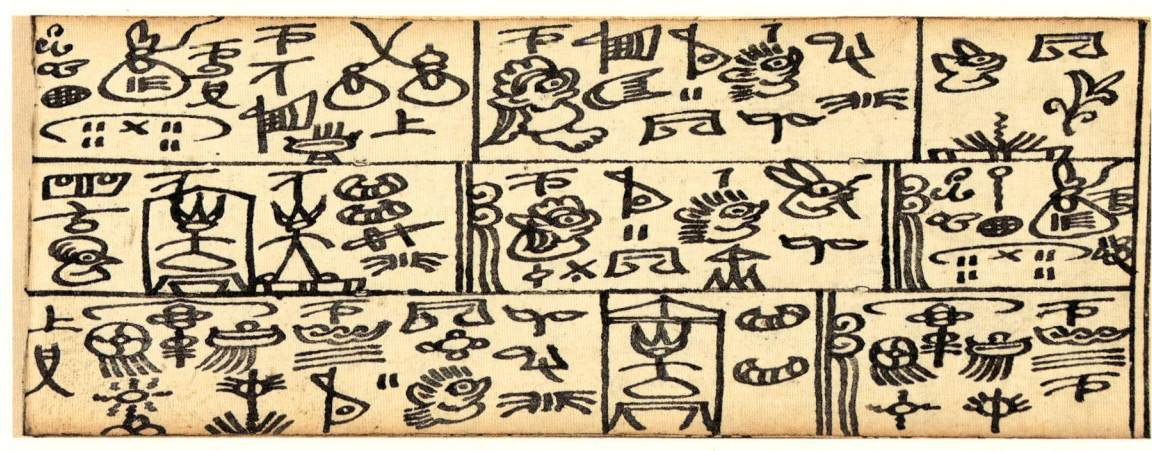

第五十二卷　纳西族

云南少数民族古籍珍本集成

第五十二卷 纳西族

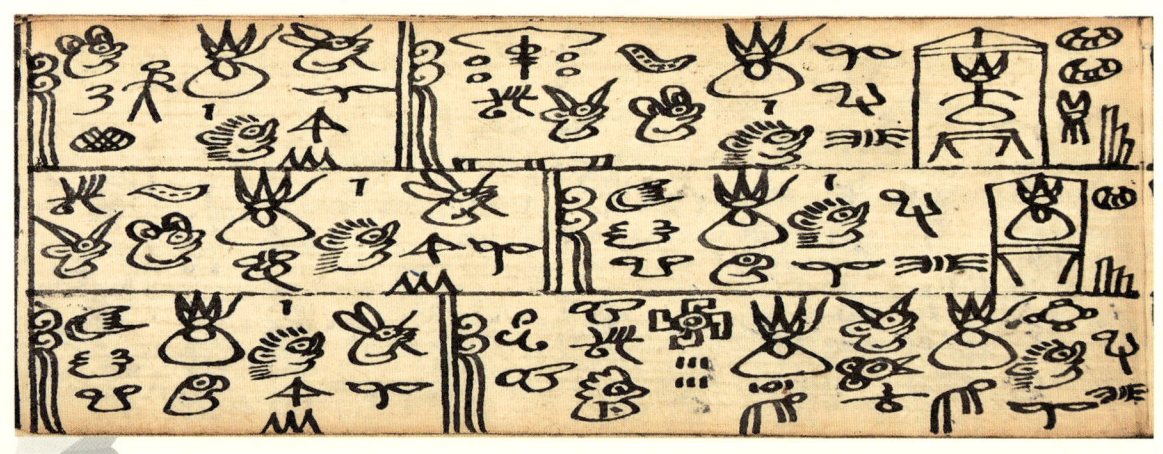

第五十二卷　纳西族

延寿仪式·东巴弟子求威灵·中

纳西族东巴经。流传于云南省丽江市纳西族地区。不分卷，1册。新主和世俊东巴书。讲述了东巴弟子从各位大神处分别获得了写经诵经、开天辟地、祈神赐福、分辨吉凶、区分善恶与好坏、分清秽纯、驱鬼压鬼、超度亡灵等一切知识和本领。旧抄本，线订册叶装，墨书。开本高9.7厘米，广29厘米，每页三行。保存完好，今藏于丽江市东巴文化研究院。

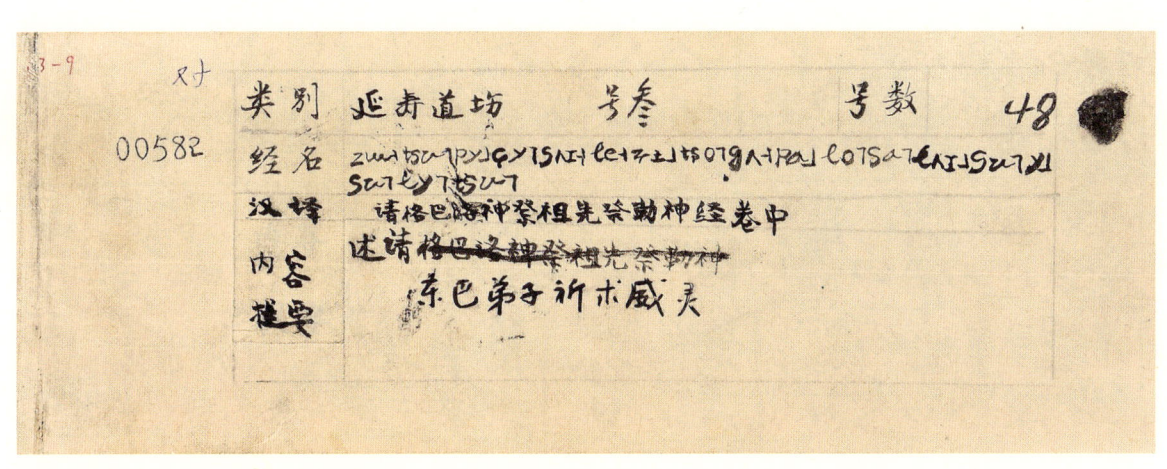

第五十二卷 纳西族

第五十二卷 纳西族

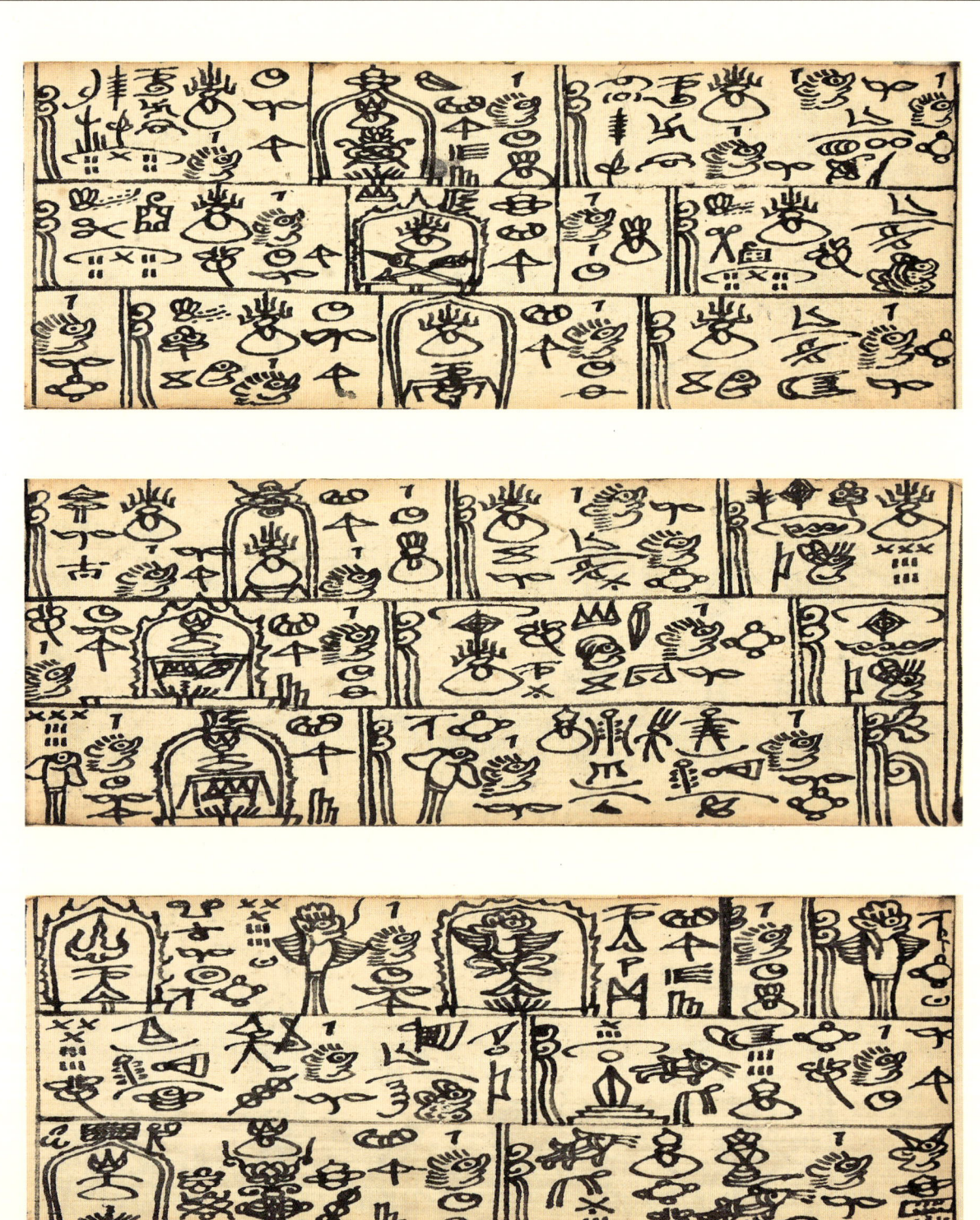

第五十二卷　纳西族

云南少数民族古籍珍本集成

延寿仪式·东巴弟子求威灵·下

纳西族东巴经。流传于云南省丽江市纳西族地区。不分卷，1册。新主和世俊东巴书。讲述了东巴的各类法器的来历及作用，东巴又用法器请来众神并获得威灵。此后东巴便有了能够赐予人们生儿育女、庇佑儿孙的本领。旧抄本，线订册叶装，墨书。开本高9.7厘米，广28.3厘米，每页三行。保存完好，今藏于丽江市东巴文化研究院。

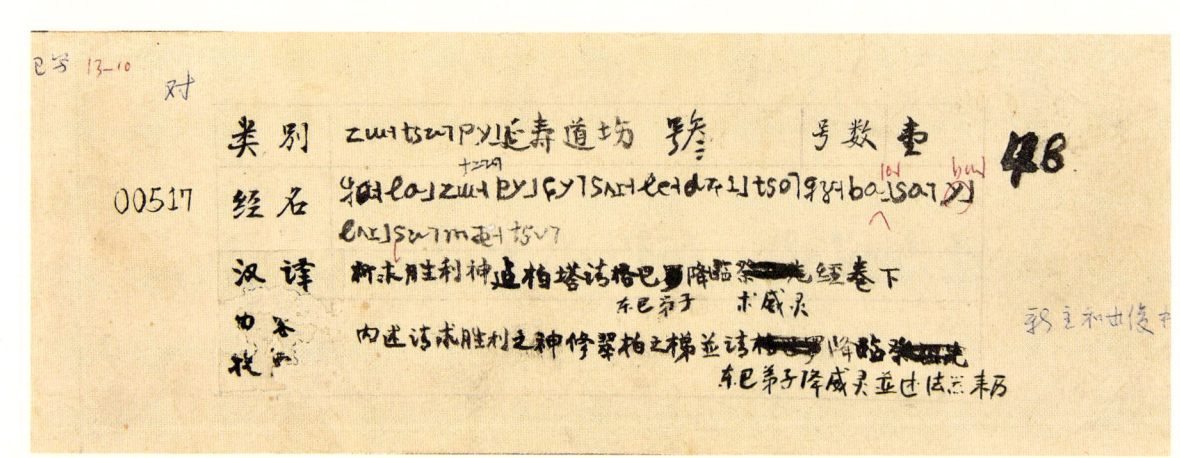

第五十二卷 纳西族

第五十二卷　纳西族

延寿仪式·甘露圣灵药的来历·迎圣灵药

纳西族东巴经。流传于云南省丽江市纳西族地区。不分卷，1册。新主和世俊东巴书。讲述了圣灵药的出处与来历。经书前半部是咒语。吉祥的好日子，主人家向神灵献牲和圣灵药，祈求神灵保佑福泽。后半部分讲述了崇忍利恩和衬恒褒白带了许多东西到人间，却因没有天兽耍开美庚，男儿长大了不会说话，女儿长大了不会唱歌。崇忍利恩在神灵的指引下找到了天兽和三种药。开美劳旨命用甜药花和苦药花制成圣灵药泽被万物。旧抄本，线订册叶装，墨书。开本高9.6厘米，广28.6厘米，每页四行。保存完好，今藏于丽江市东巴文化研究院。

类别	延寿道场	号叁	号数 壹
经名	ꮐꮿꮮ (东巴文)		
汉译	胜利延寿献药解秽之经		
内容提要	内述为主人祈福祈寿解除秽气主人杀羊为牲		

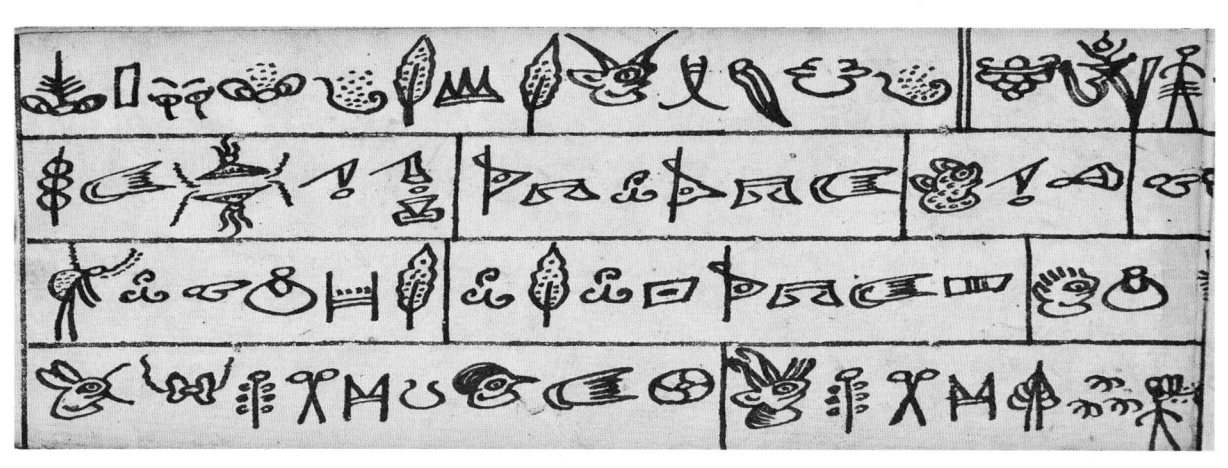
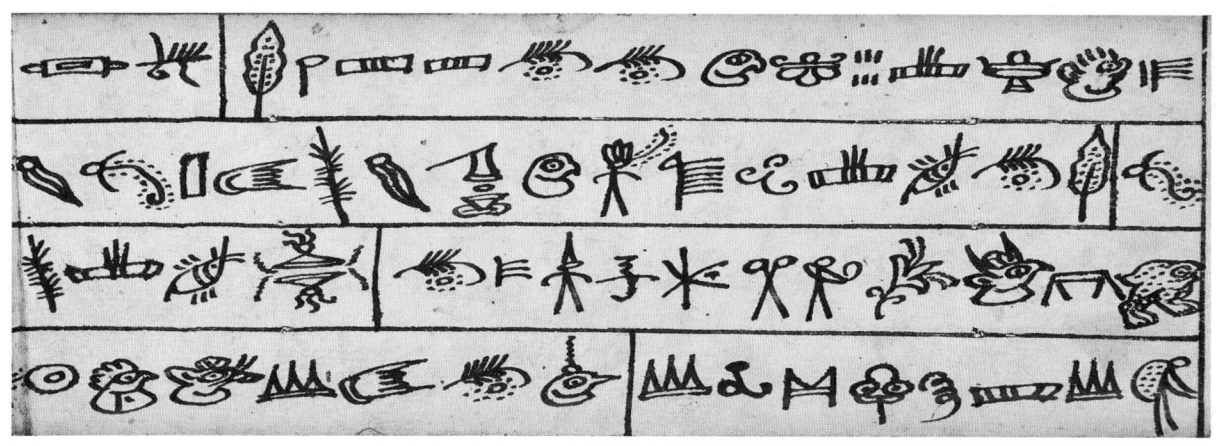
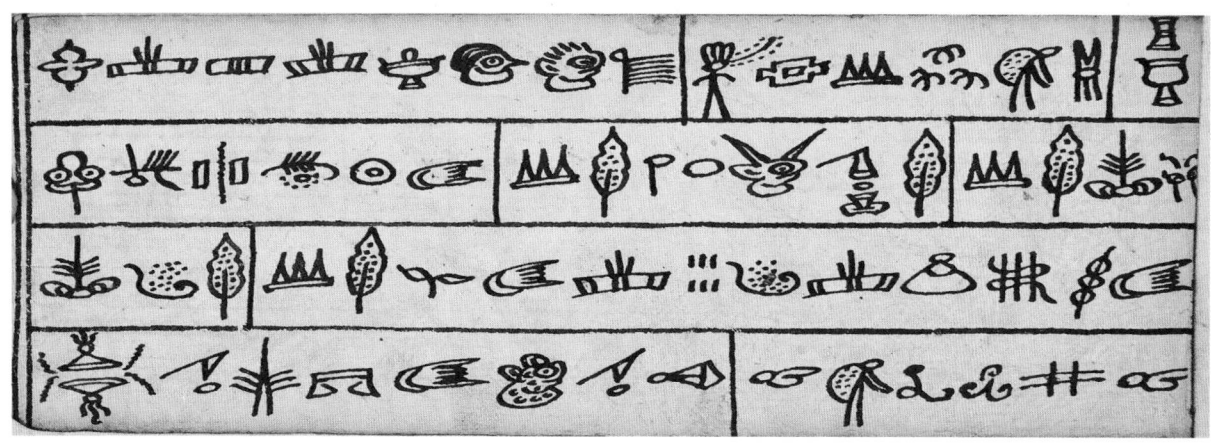

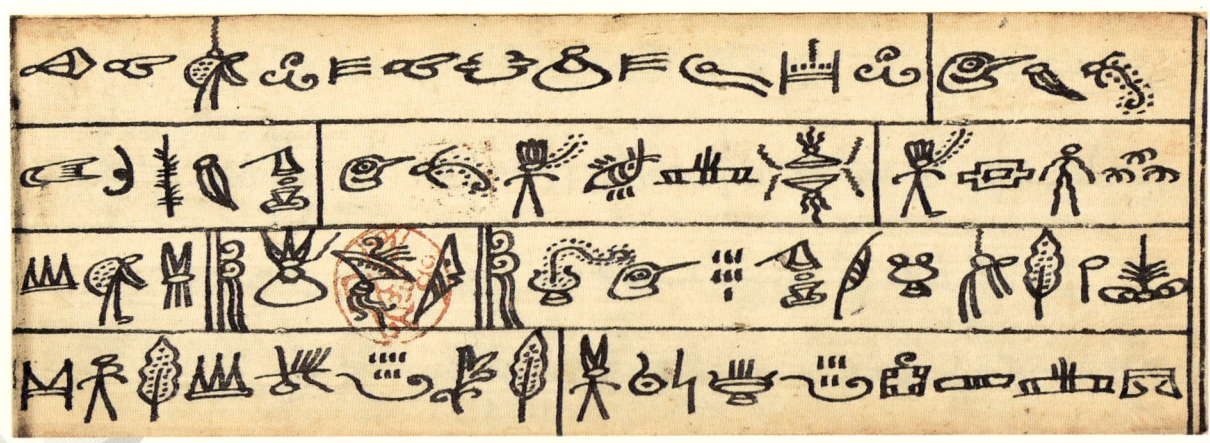

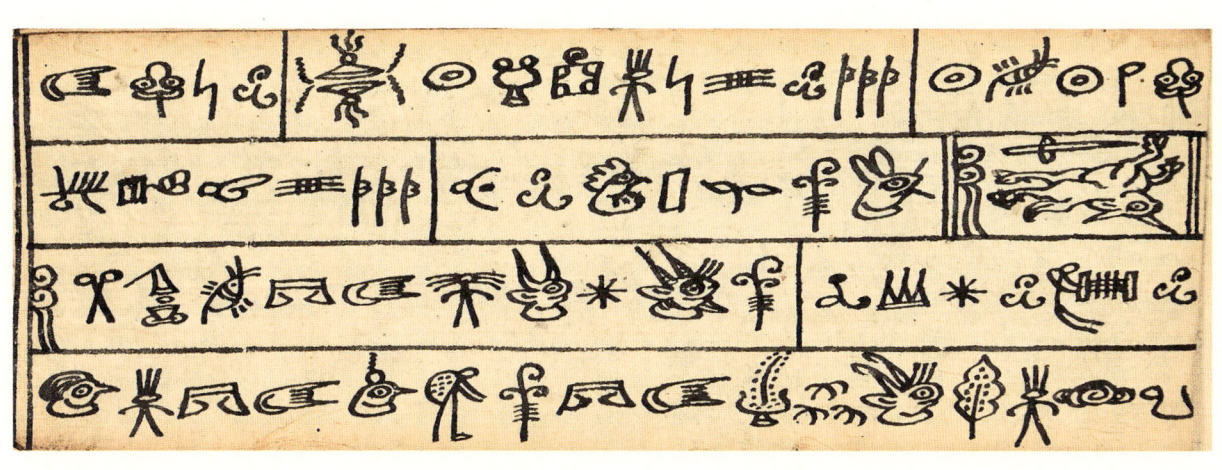

第五十二卷 纳西族

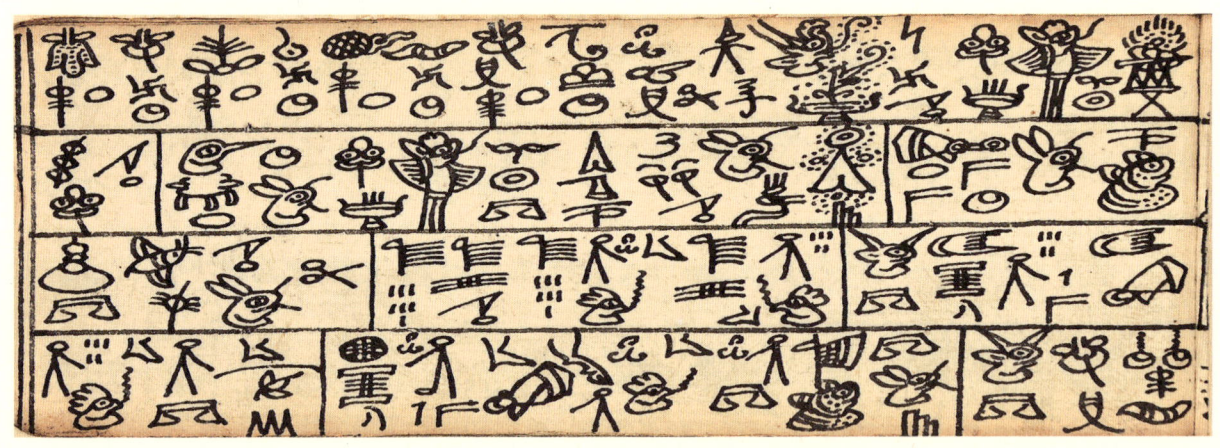

第五十二卷　纳西族

禳垛鬼仪式·白蝙蝠求取祭祀占卜经

　　纳西族东巴经。流传于云南省丽江市纳西族地区。不分卷，1册。卷尾注此经典为东尤的书。讲述了禳垛鬼仪式使用的祭祀占卜经的来历及仪式规程。人们向智慧女神寻求祭祀的规矩和占卜的器具。最后只有白蝙蝠历经磨难见到了女神获得经书，却在返回的途中意外遗失。幸得天神相助祭祀占卜经才得以复得，并由此产生了五行、巴格八方和年、月、日。旧抄本，线订册叶装，墨书。开本高11.3厘米，广31.3厘米，每页三行。保存完好，今藏于丽江市东巴文化研究院。

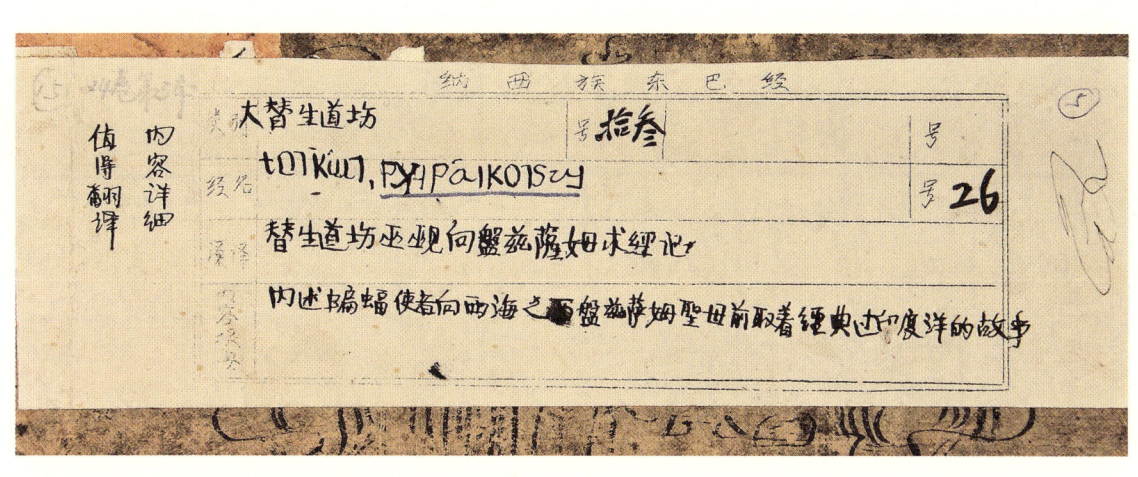

第五十二卷 纳西族

云南少数民族古籍珍本集成

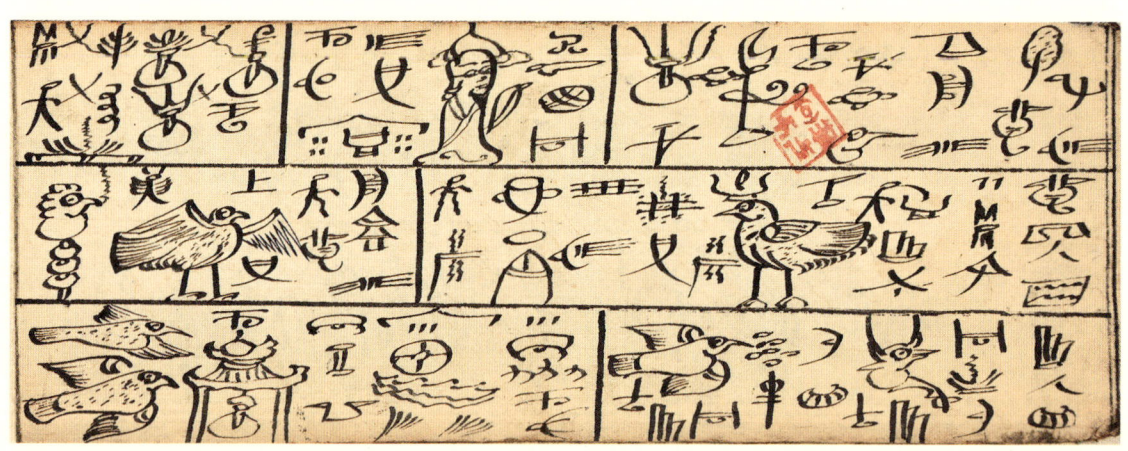

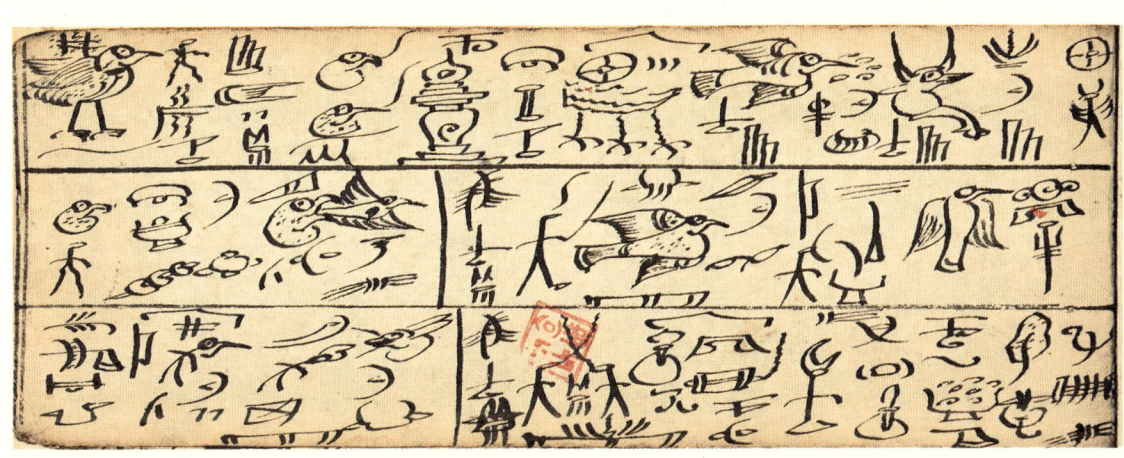
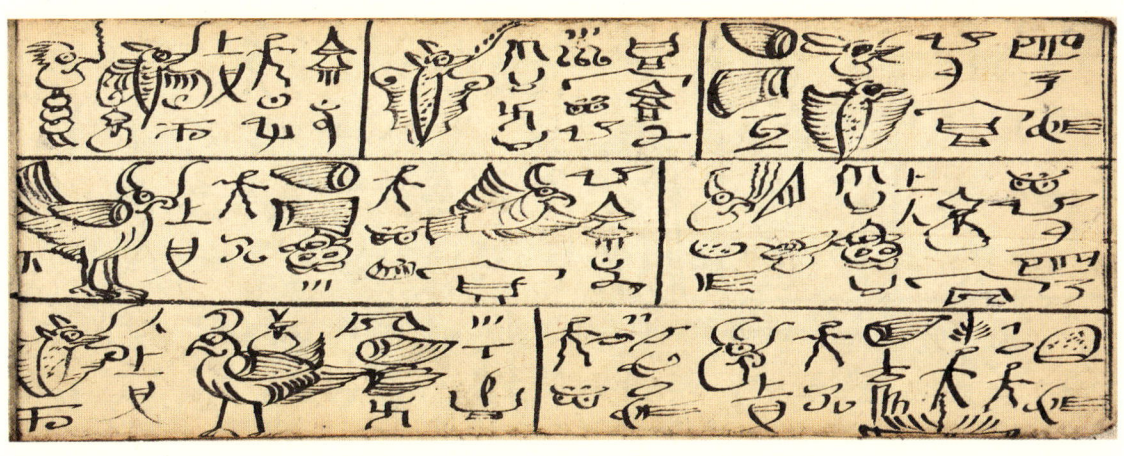

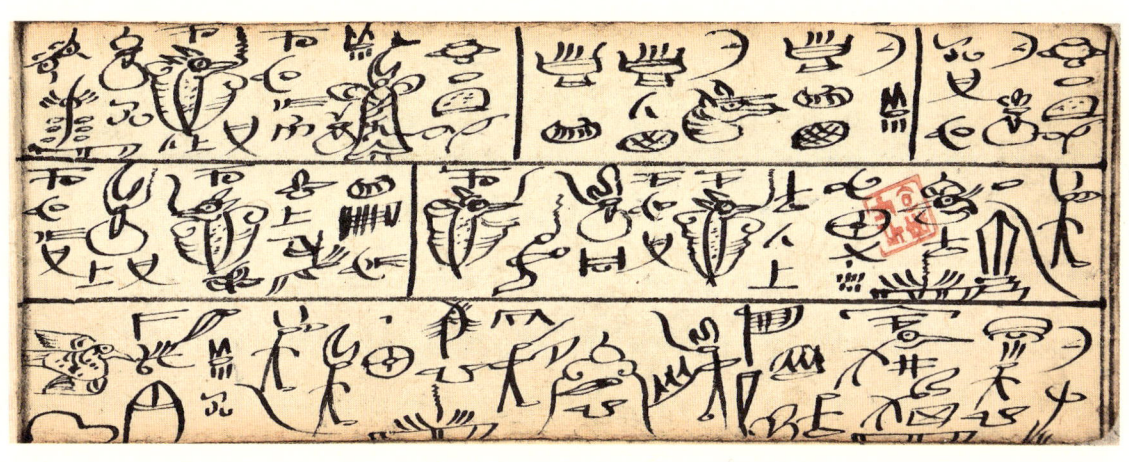
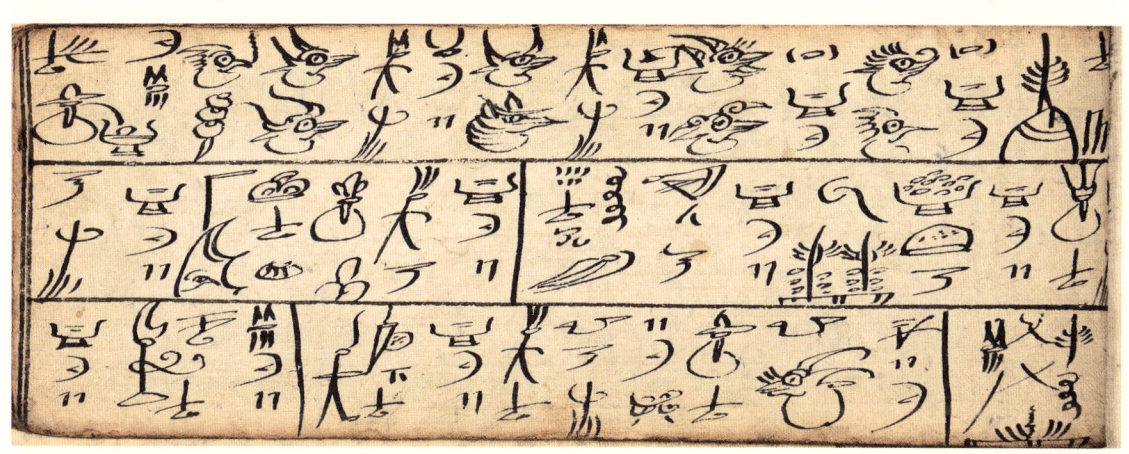
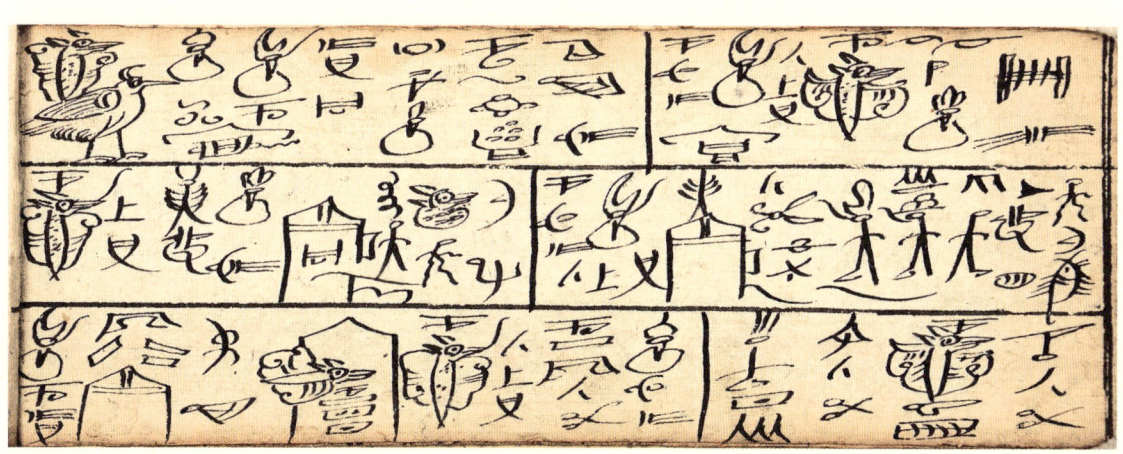

第五十二卷　纳西族

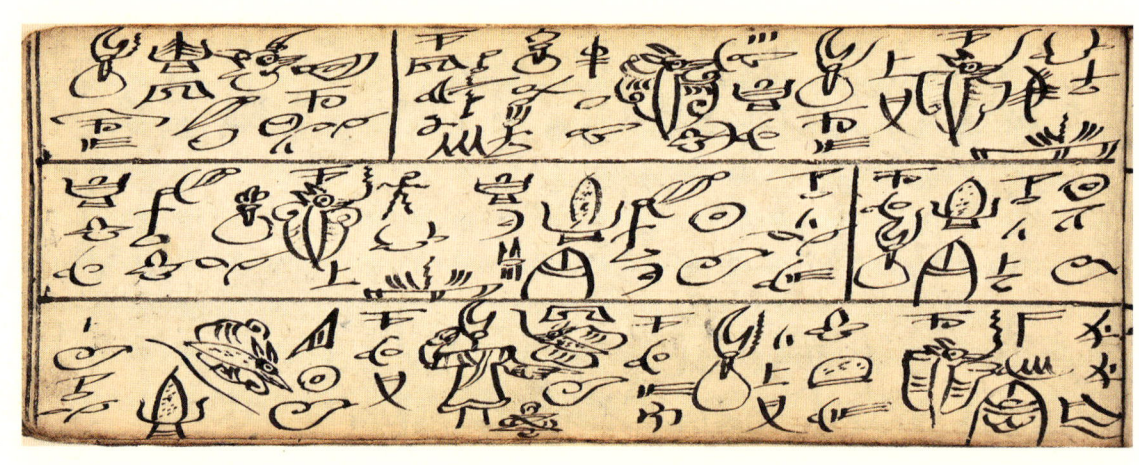

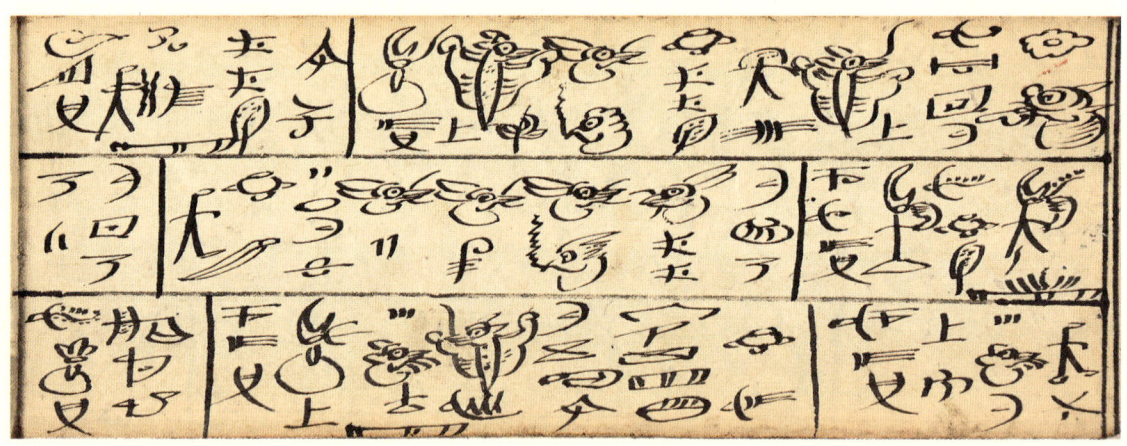

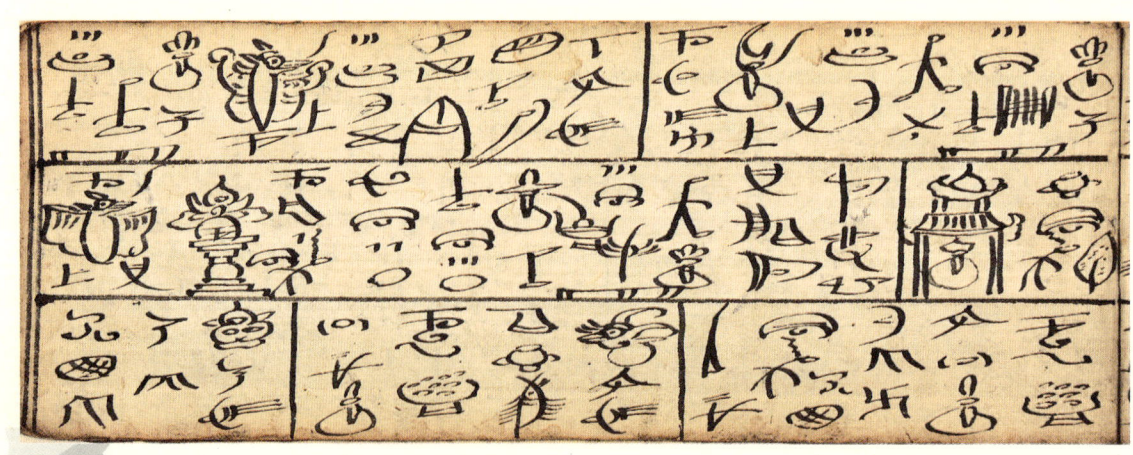

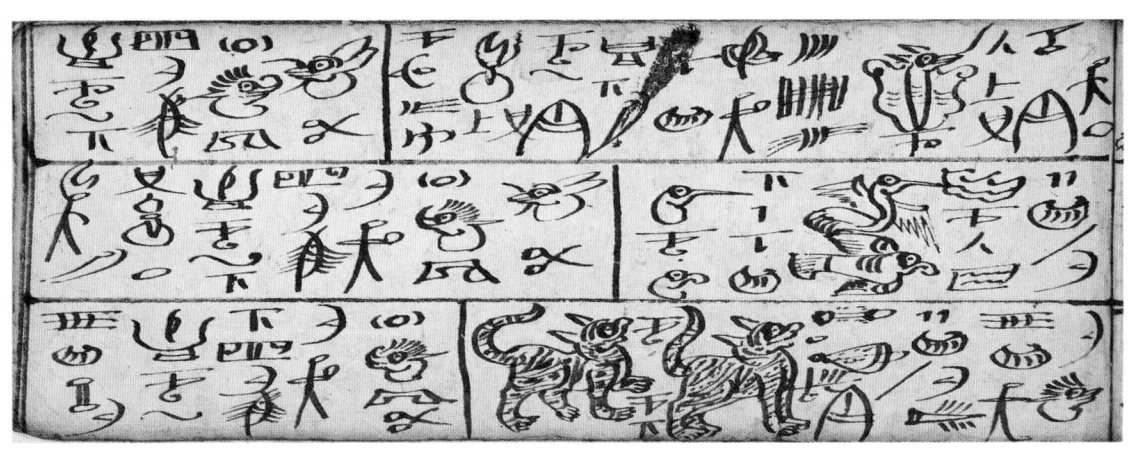

第五十二卷 纳西族

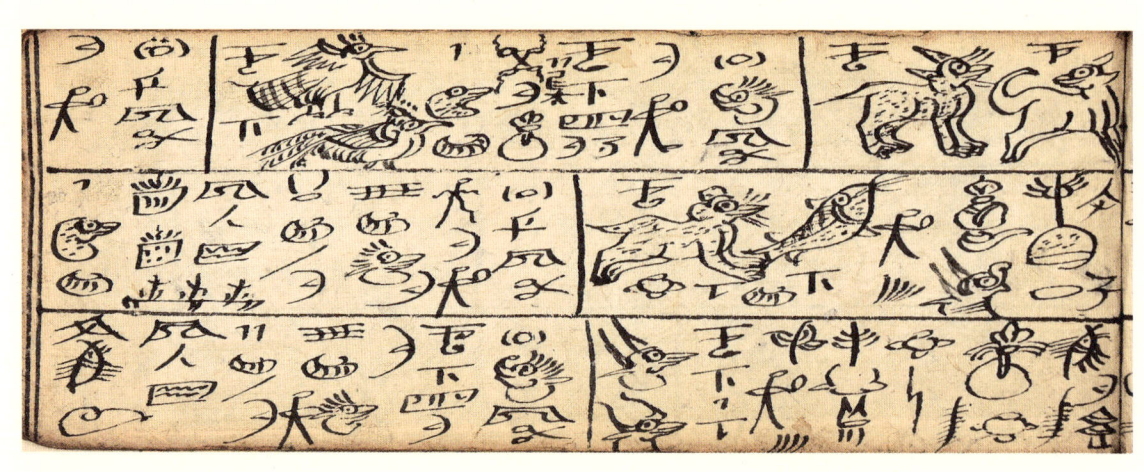
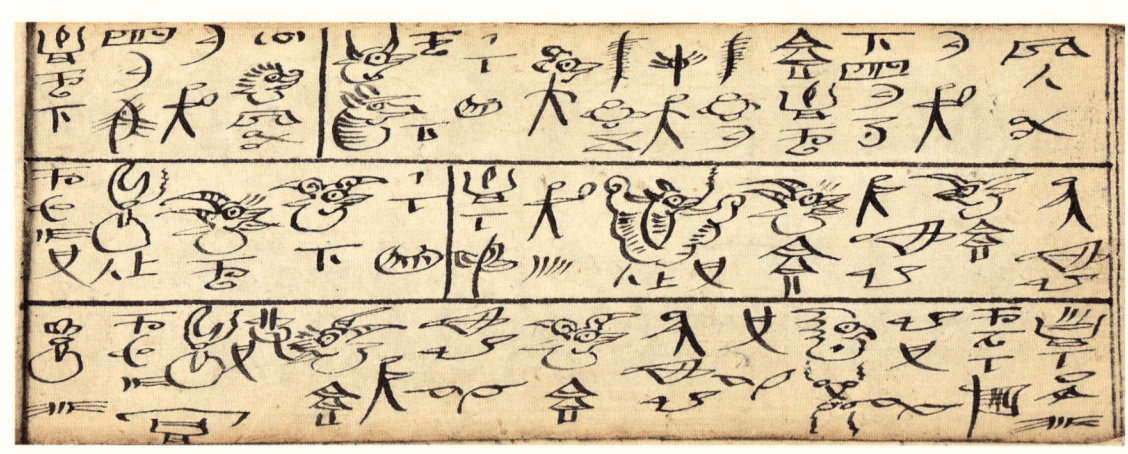
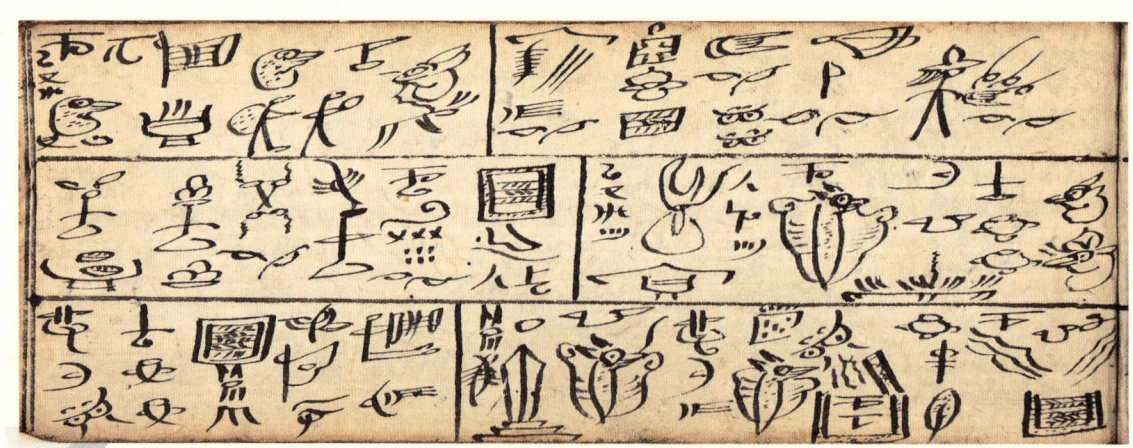

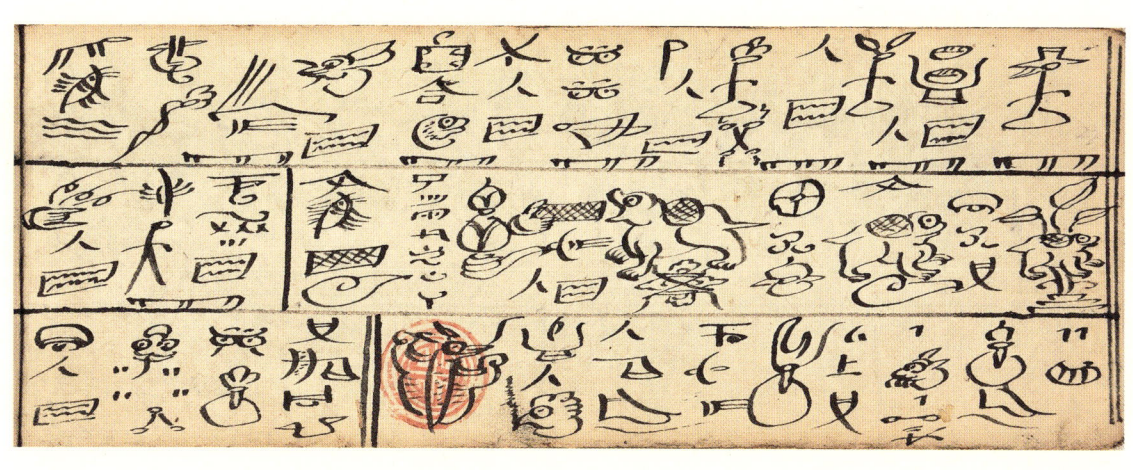

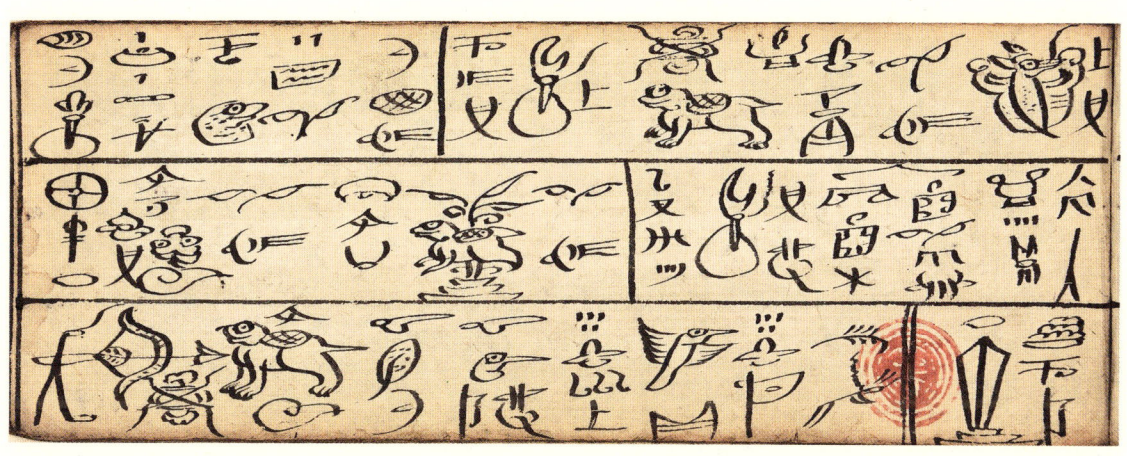

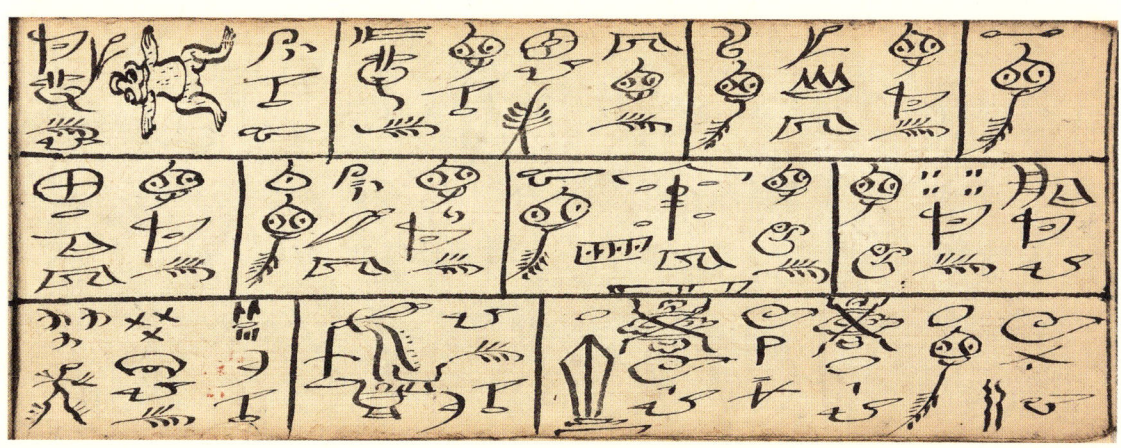

第五十二卷 纳西族

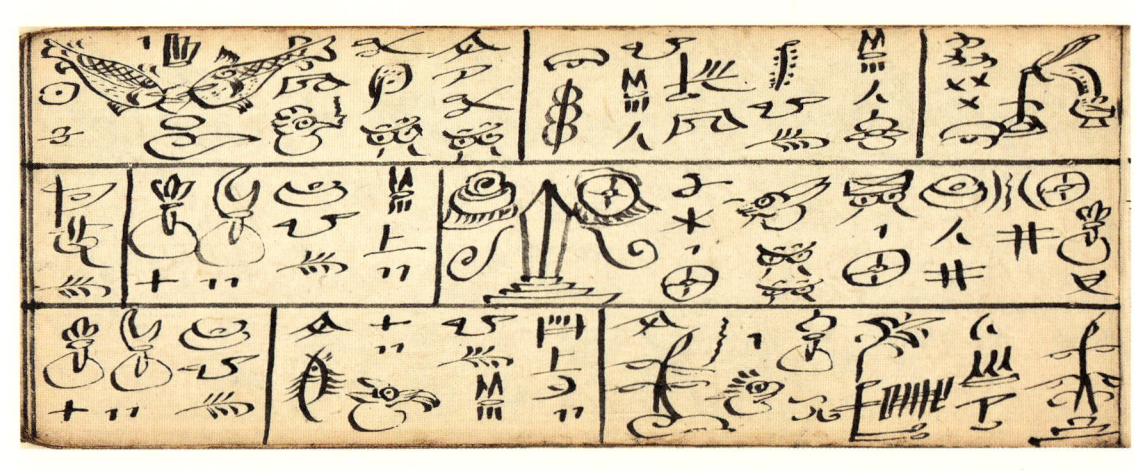

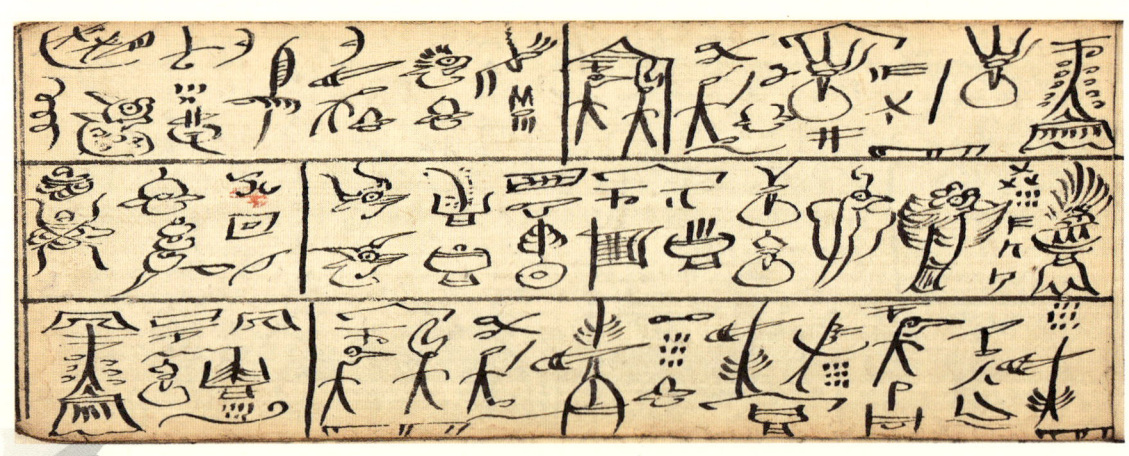

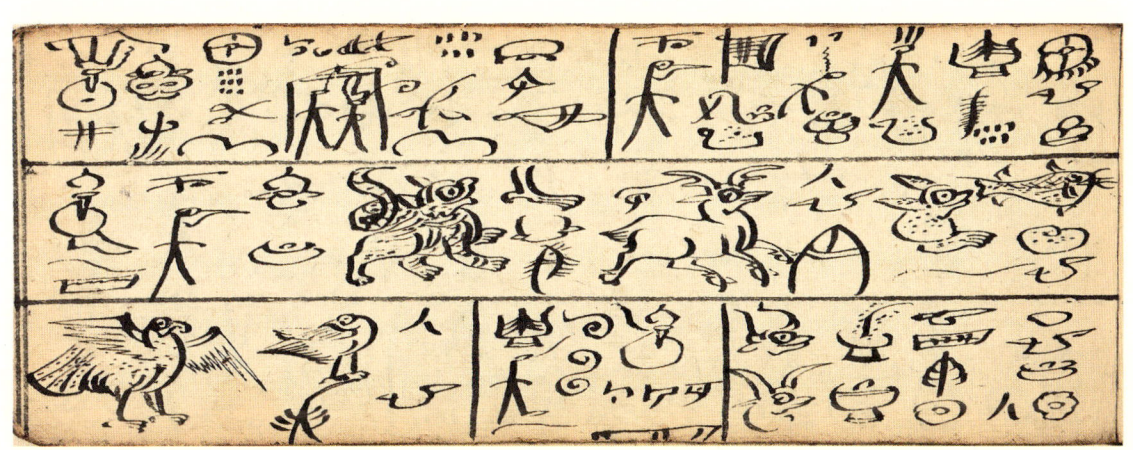

第五十二卷 纳西族

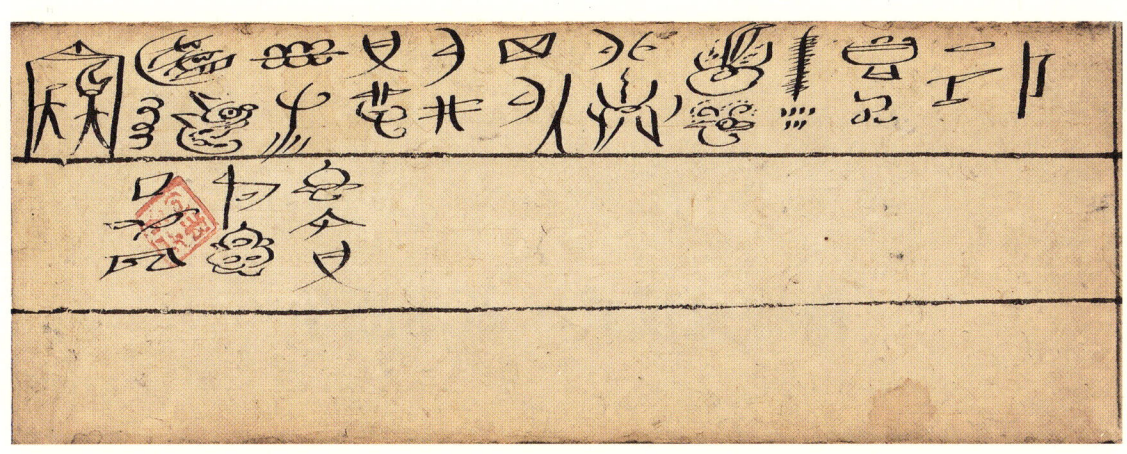

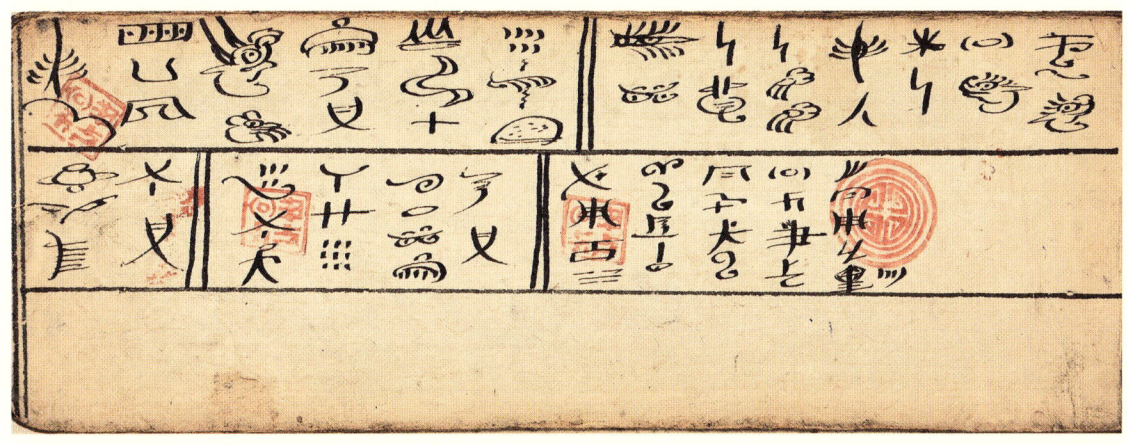

禳垛鬼仪式·董术战争

　　纳西族东巴教禳垛鬼仪式的主要经典。流传于云南省丽江市纳西族地区。不分卷，1册。佚名撰。讲述了纳西族天地山川年月日的来历以及古代两大部落董和术之间的战争情节。旧抄本，线订册叶装，墨书。开本高9厘米，广30厘米，每页三行。保存基本完好。今藏于丽江市东巴文化研究院。

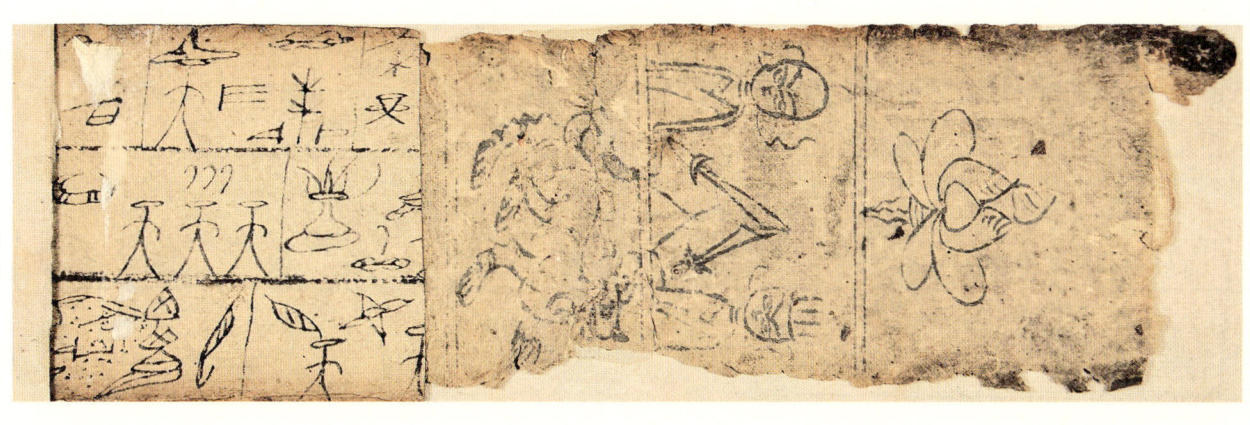

第五十二卷 纳西族

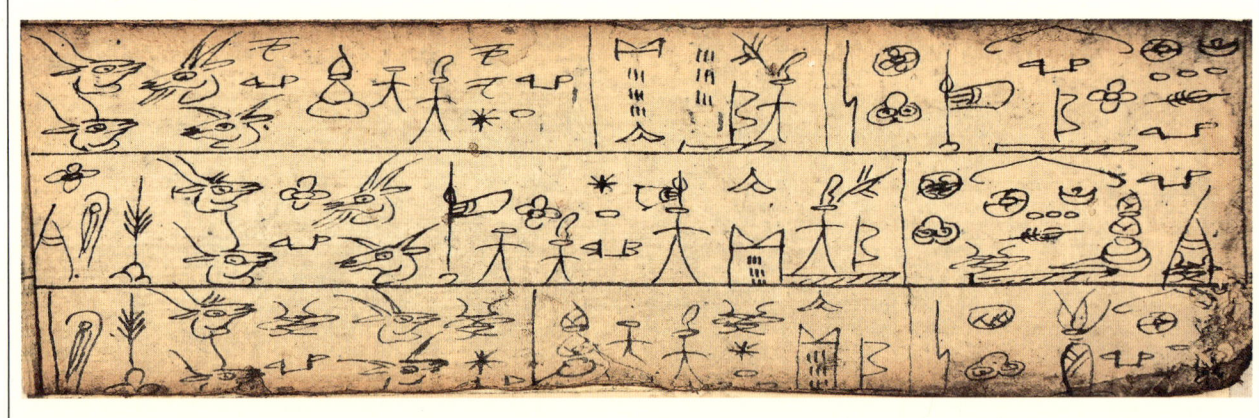
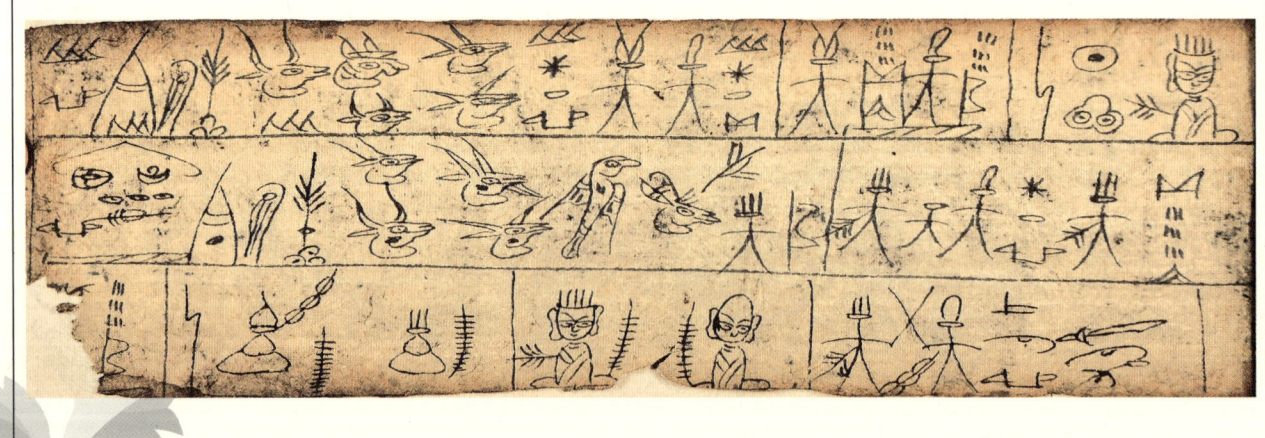

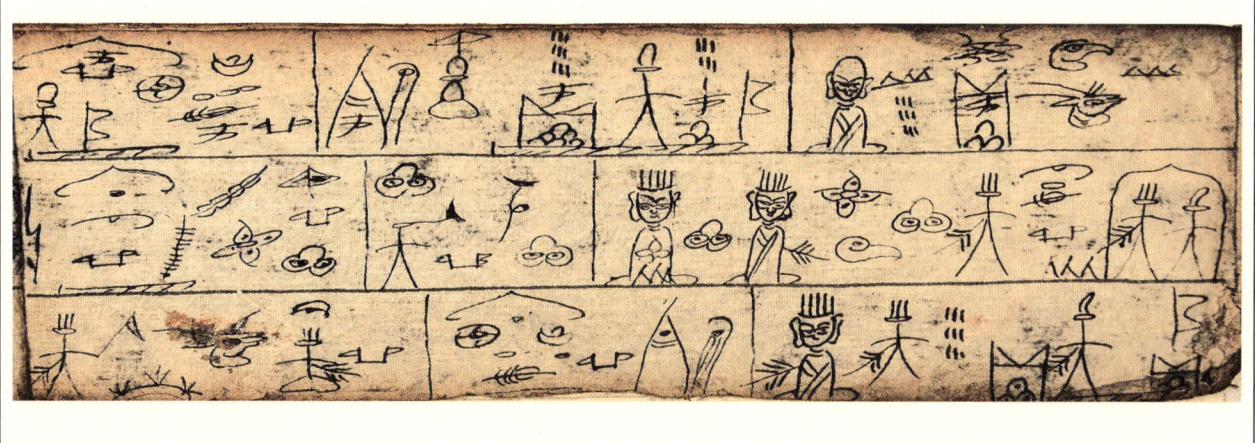

第五十二卷 纳西族

云南少数民族古籍珍本集成

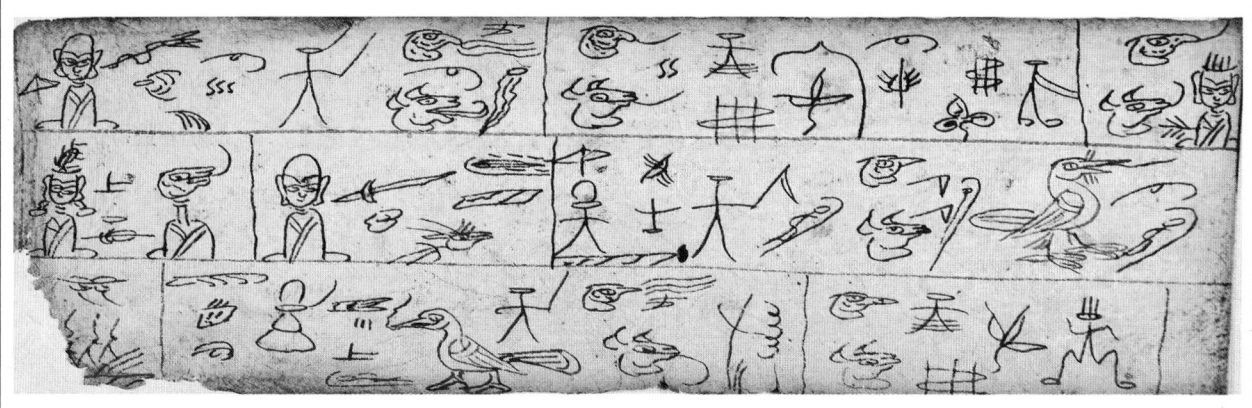

第五十二卷 纳西族

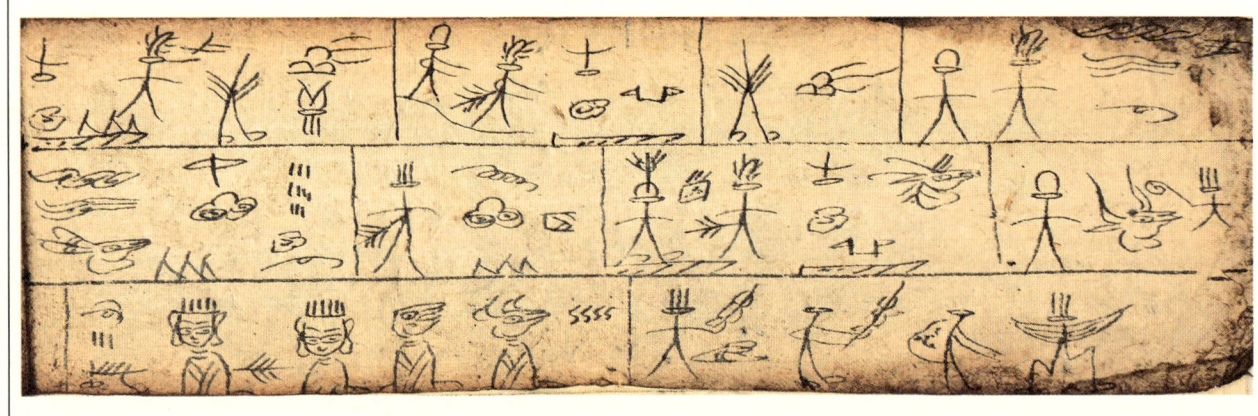

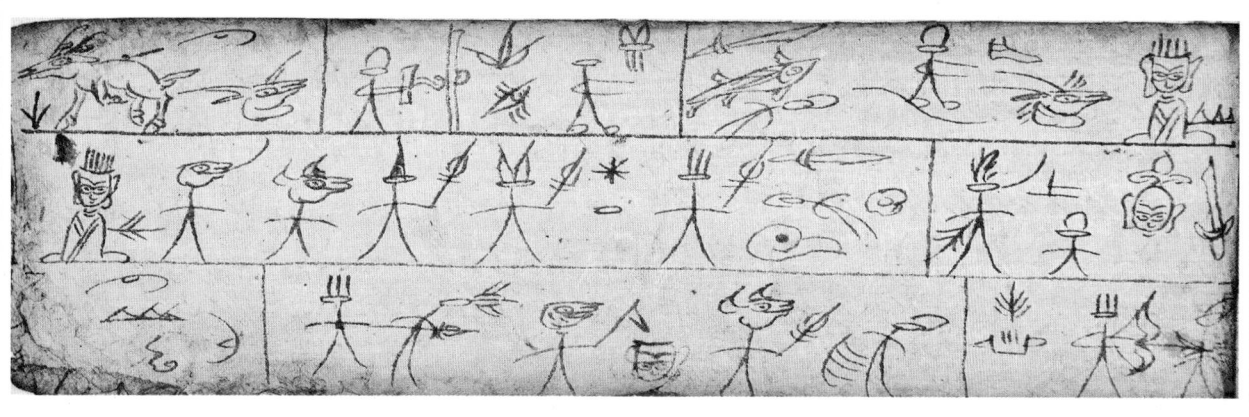

第五十二卷　纳西族

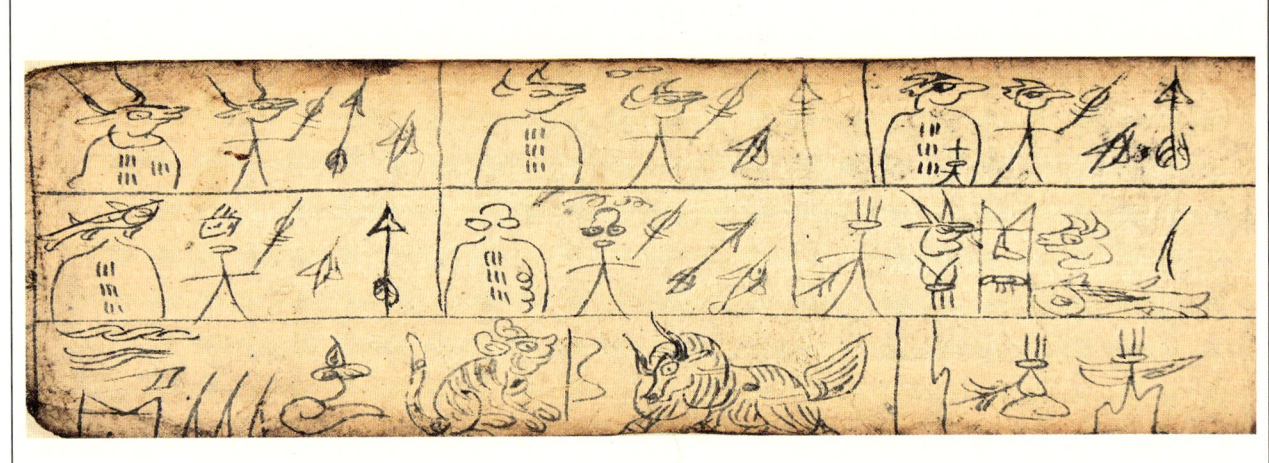

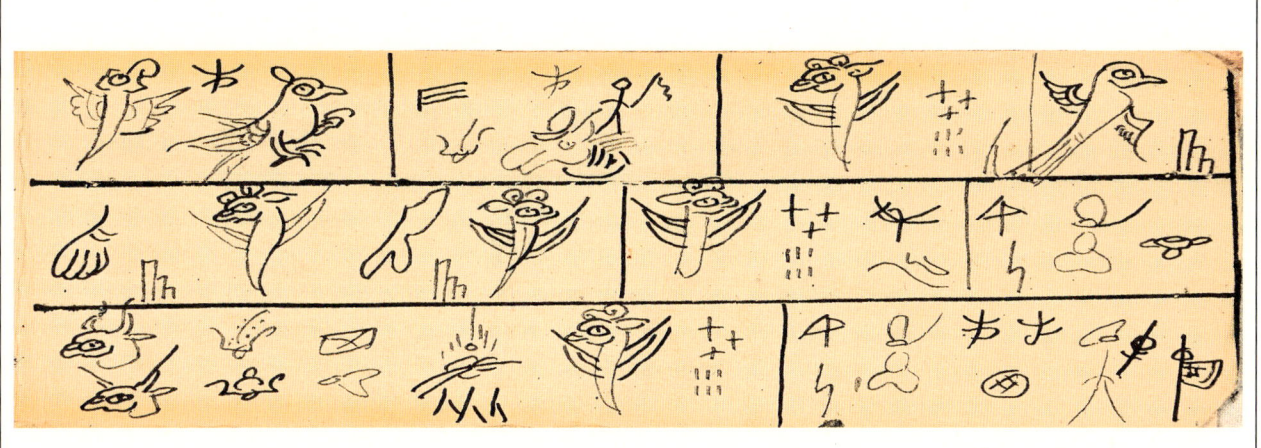

第五十二卷　纳西族

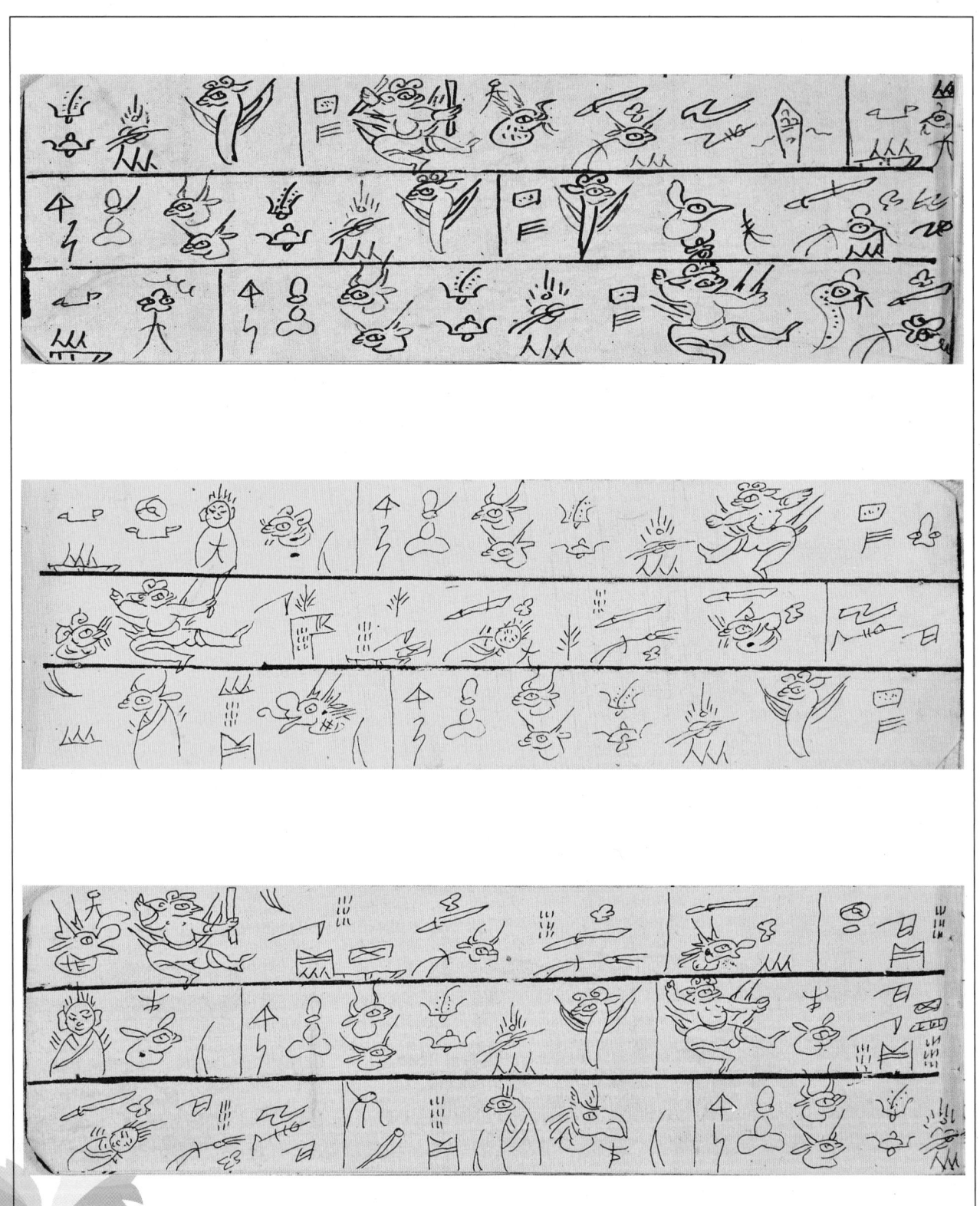

第五十二卷　纳西族

禳垛鬼大仪式·哈桑战争

纳西族东巴教禳垛鬼仪式的经典。流传于云南省丽江市纳西族地区。不分卷，1册。卷尾注此经典为东嘎书。讲述了哈神与桑鬼的来历及相互斗争的故事。告诫人们凡事要防患于未然，虽然谨小慎微地生活着却也需要请祭司来作祭仪，请大神镇压各方鬼怪，保佑福泽。旧抄本，线订册叶装，墨书。开本高8厘米，广30.2厘米，每页三行。保存完好。今藏于丽江市东巴文化研究院。

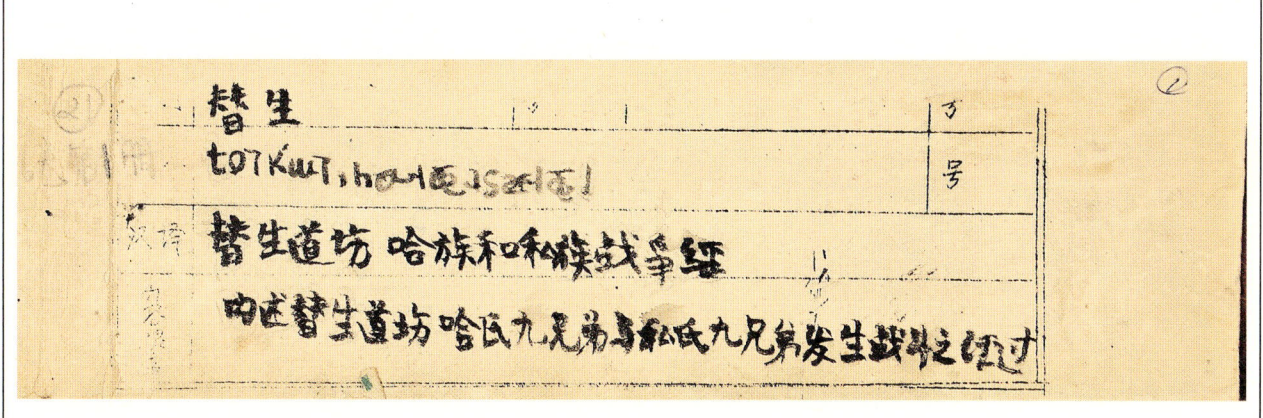

替生
tɔ˧ʈʂʰɯ˧,hɑ˧˩çy˧tsʰɯ˩ [图25 图1 图1]

替生道场 哈族和私族战争经

内述替生道场 哈氏九兄弟与私氏九兄弟发生战斗之经过

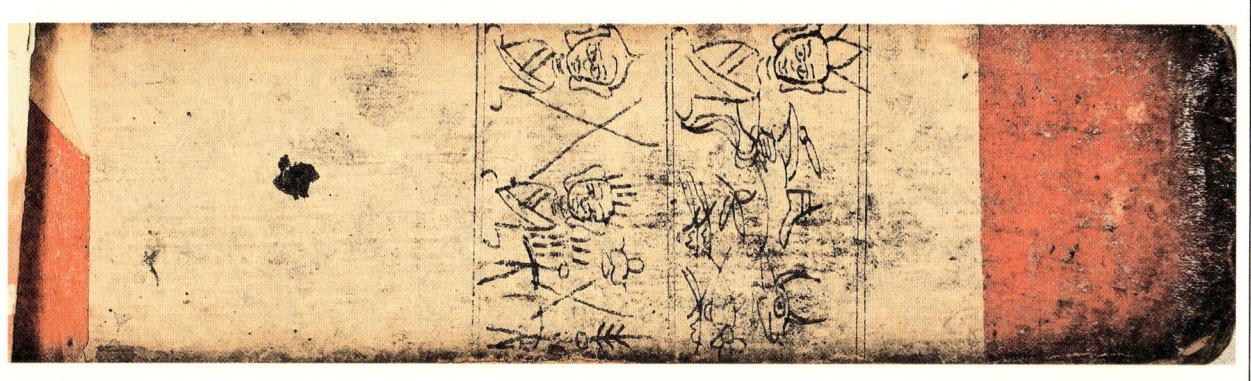

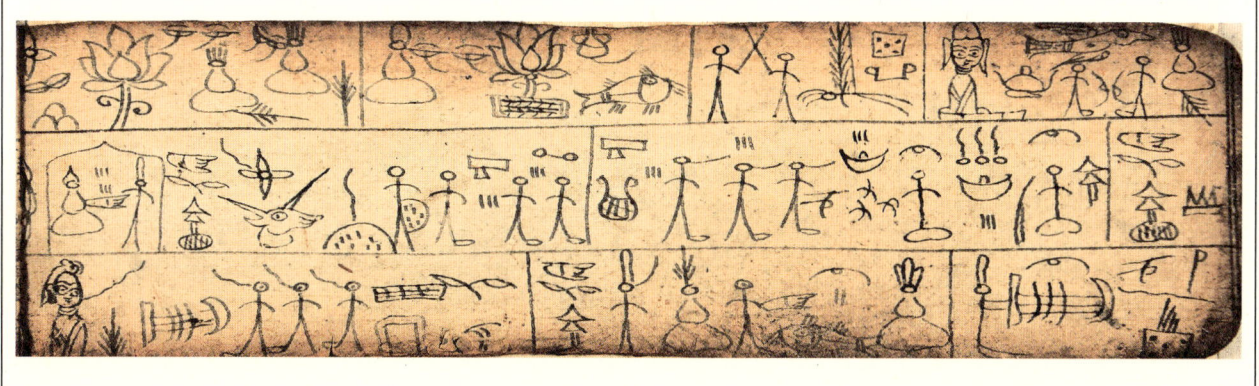

第五十二卷 纳西族

云南少数民族古籍珍本集成

第五十二卷 纳西族

第五十二卷 纳西族

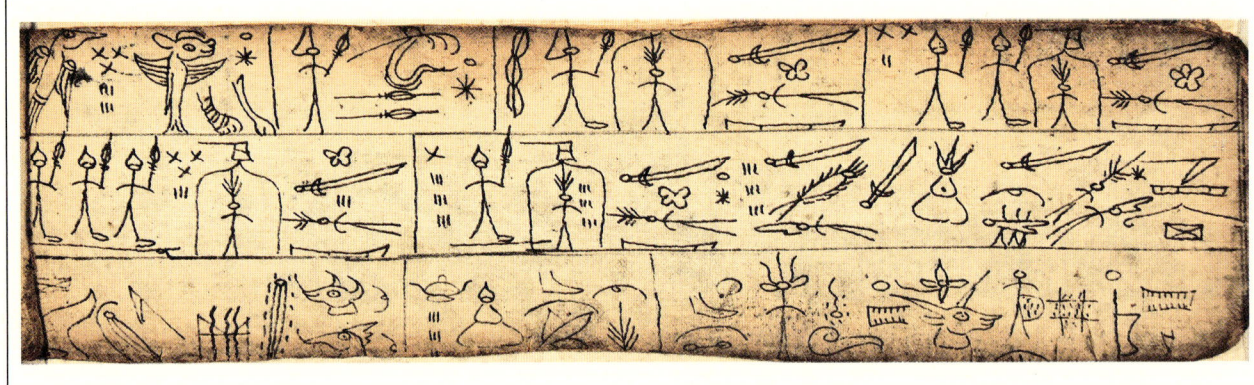

第五十二卷　纳西族

第五十二卷 纳西族

云南少数民族古籍珍本集成

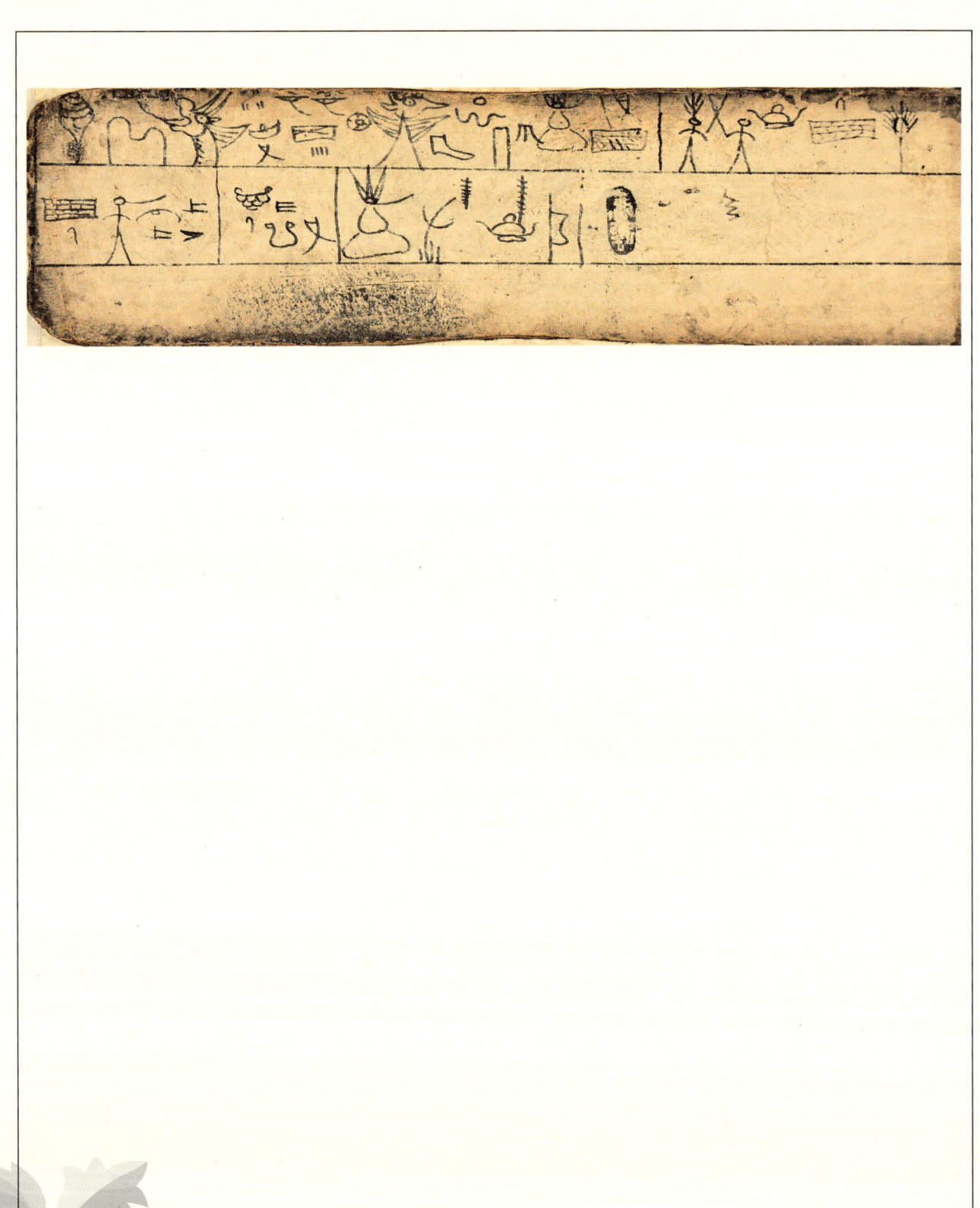

禳垛鬼仪式·九个天神和七个地神的故事

　　纳西族东巴教禳垛鬼仪式的经典。流传于云南省丽江市纳西族地区。不分卷，1册，佚名撰。讲述了纳西族九个天神、七个地神和崇忍利恩为了驱病除魔举行了禳垛鬼仪式。此后，无病无灾，吉祥如意。人丁兴旺。旧抄本，线订册叶装，墨书。开本高9.5厘米，广29厘米，每页三行。保存完好。今藏于丽江市东巴文化研究院。

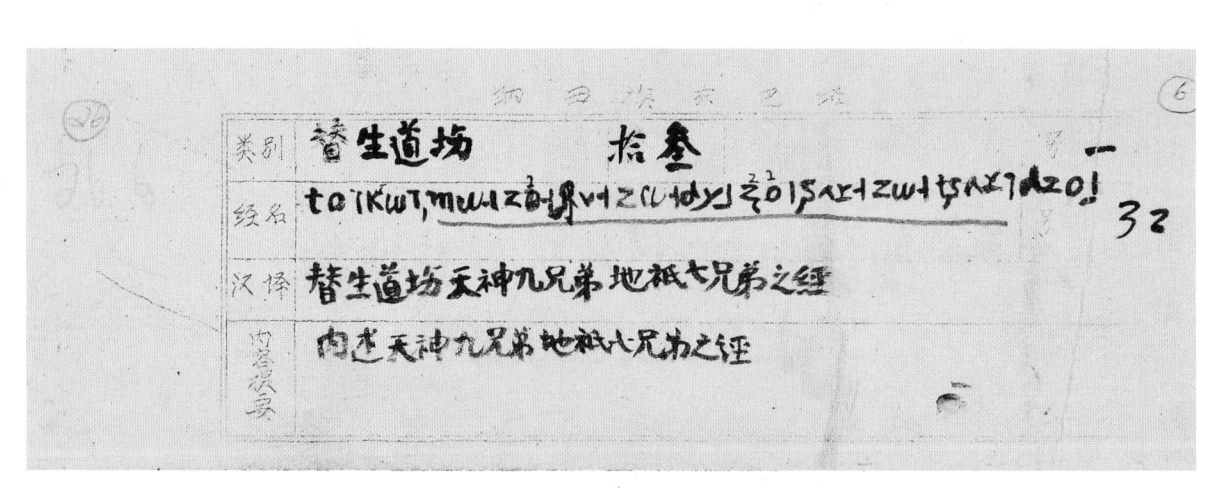

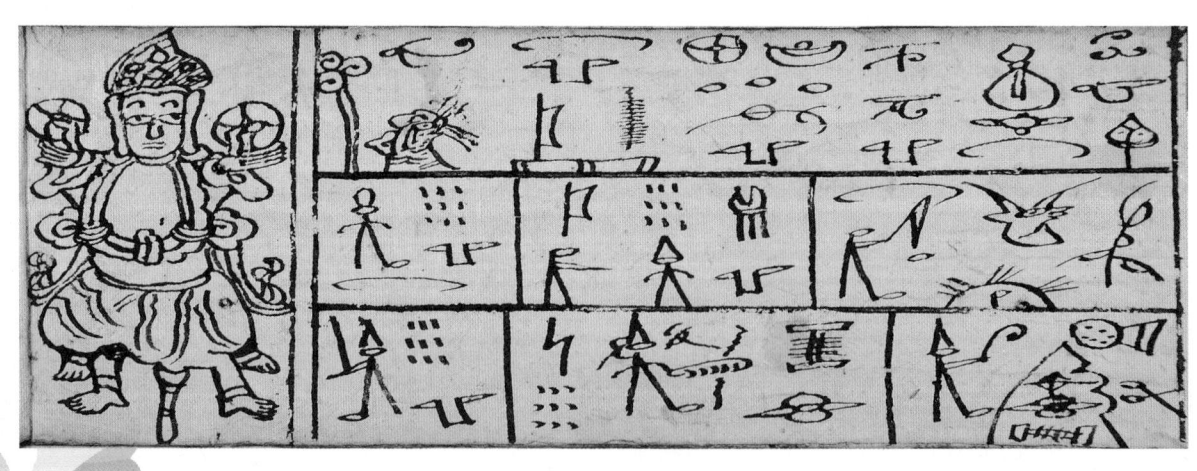

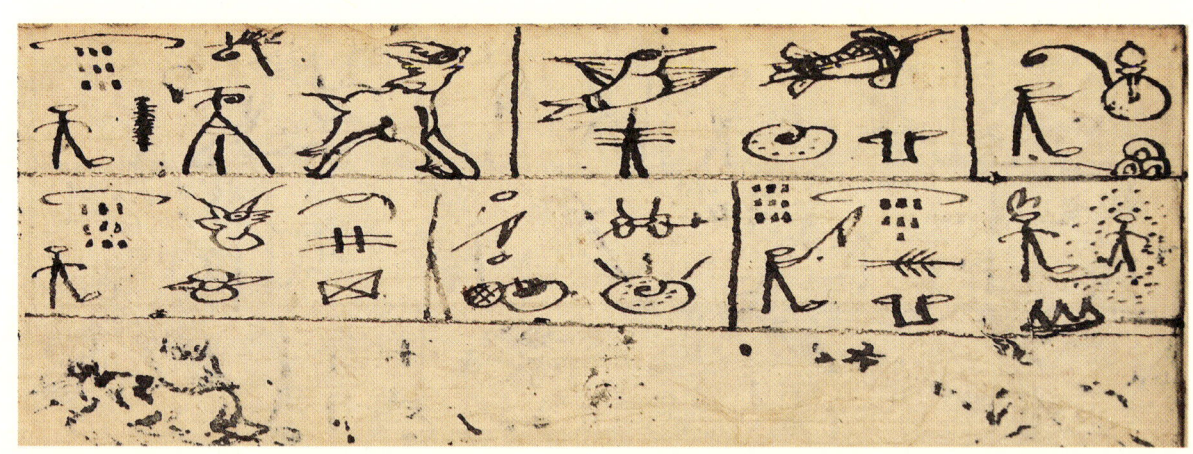

第五十二卷 纳西族

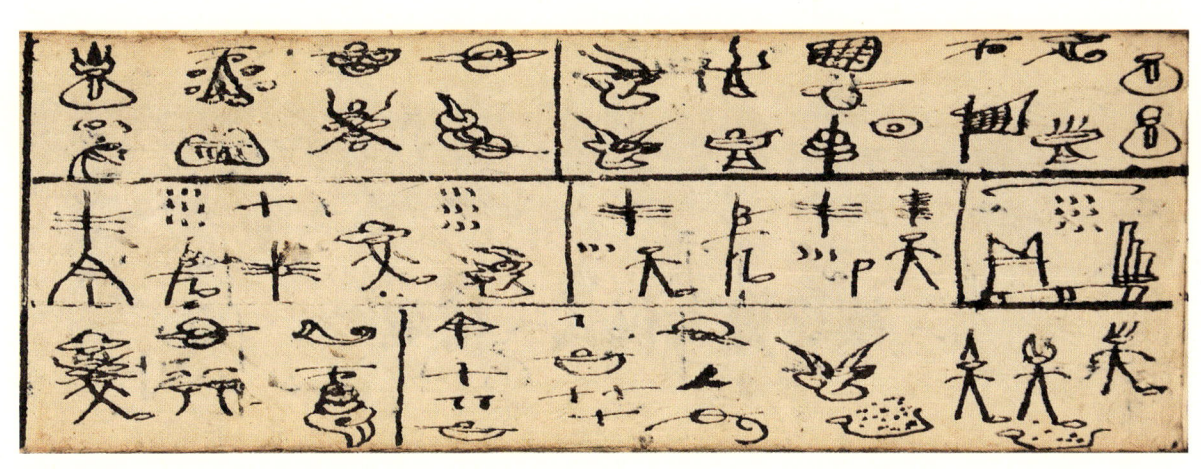

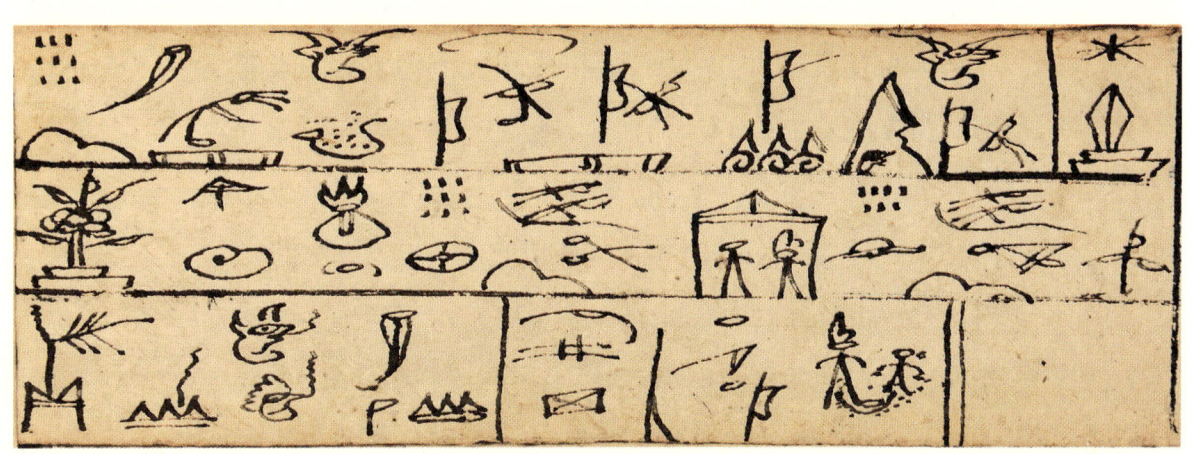

第五十二卷 纳西族

禳垛鬼大仪式·招魂经

纳西族东巴教禳垛鬼仪式的经典。流传于云南省丽江市纳西族地区。不分卷，1册，卷尾注此经典为东玉康书。经书内容分三部分：1.招魂经。讲述了从东南西北中五方、祖先聚居地、山川河流等处招回家人丢失的魂魄。2.讲述了让母马驮替身物和凶灾到鬼以及仇人住地去。请祭司作仪式，把替身物扔给众鬼。3.讲述了董神与术鬼的故事以及施放作为替身的黑牛黑绵羊。人们效仿董主举行禳垛鬼仪式，家中无病无灾，吉祥如意。旧抄本，线订册叶装。开本高9.3厘米，广28.5厘米，每页三行。整本彩色书写，保存完好。今藏于丽江市东巴文化研究院。

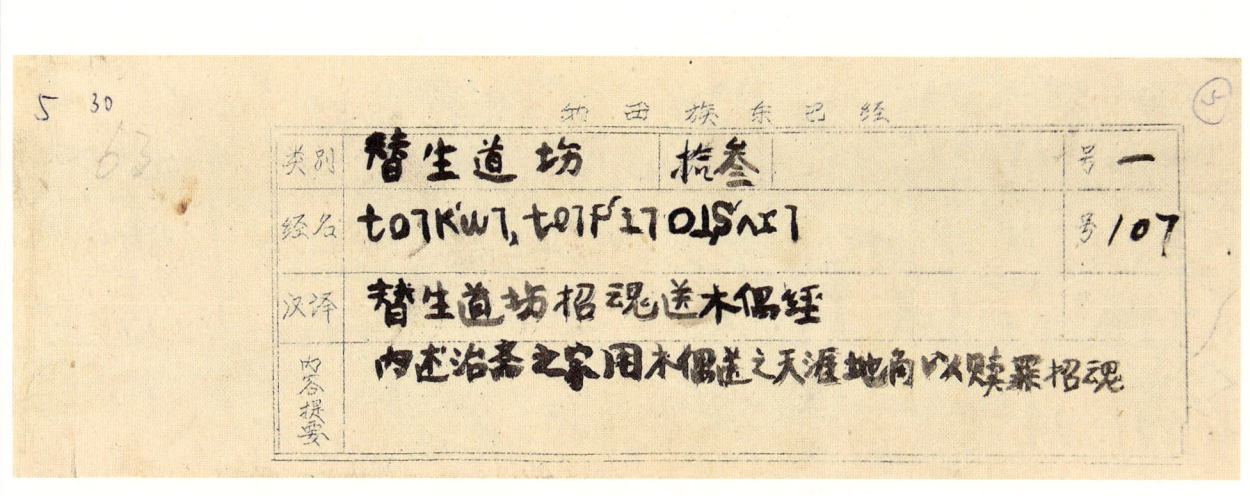

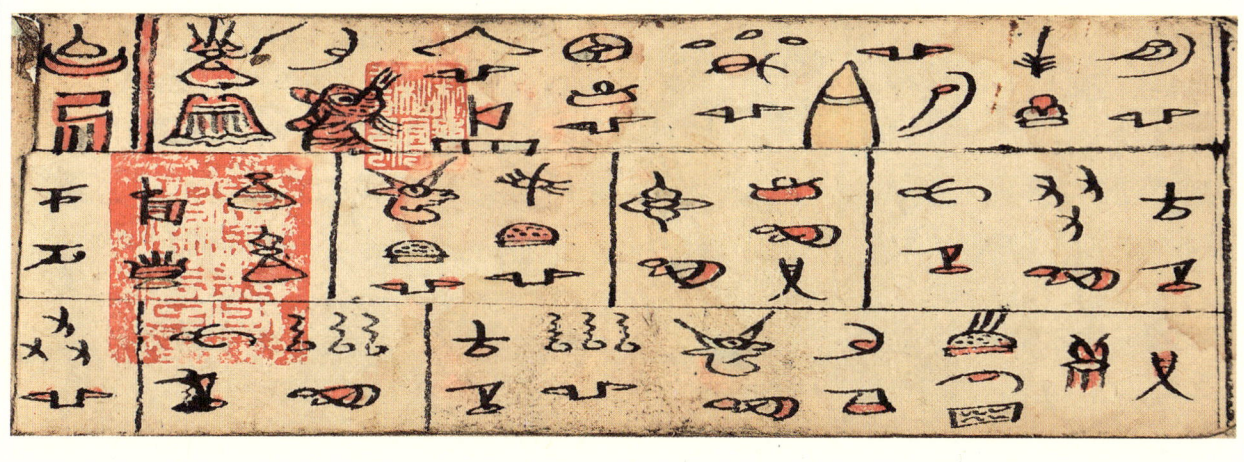

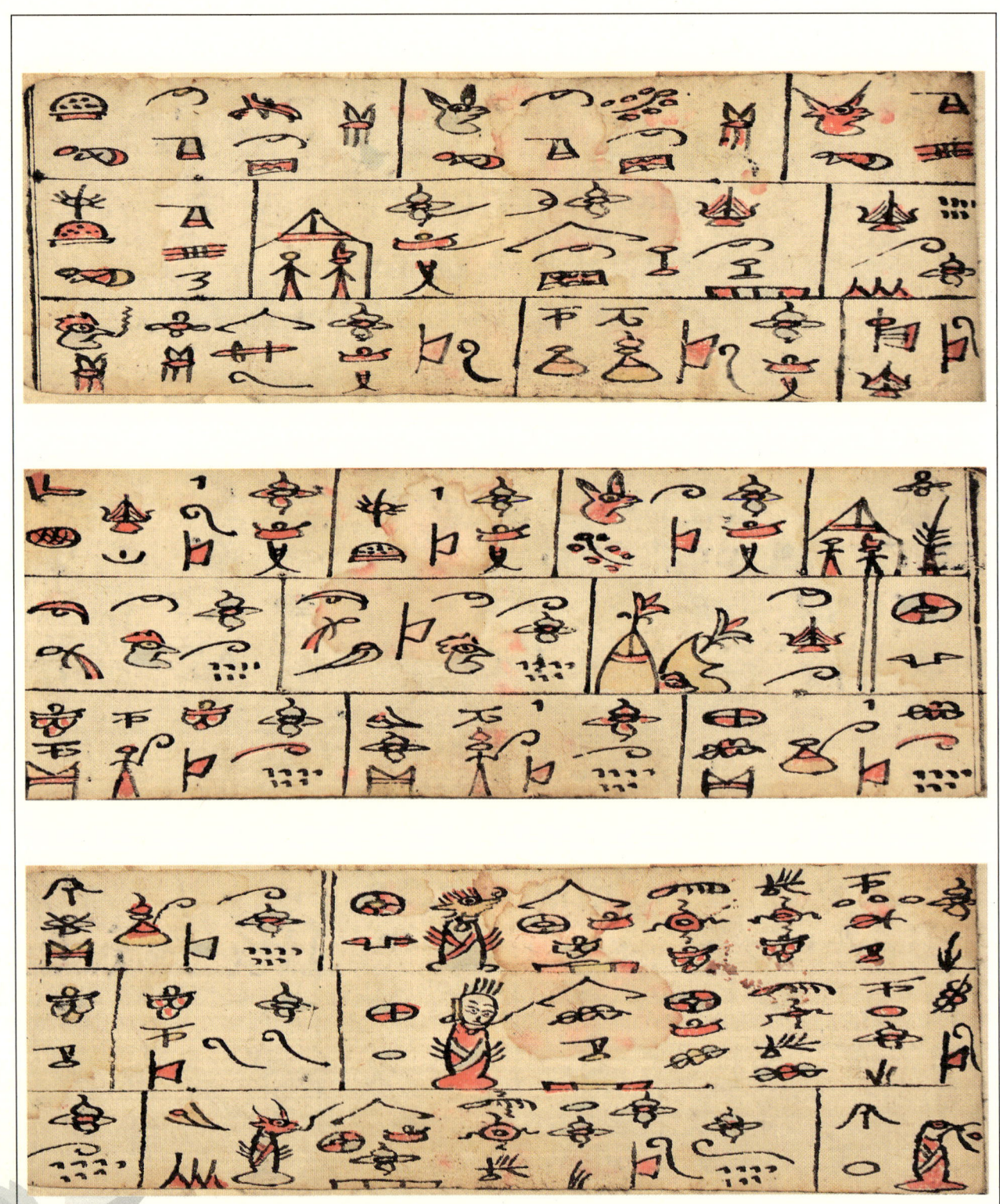

第五十二卷 纳西族

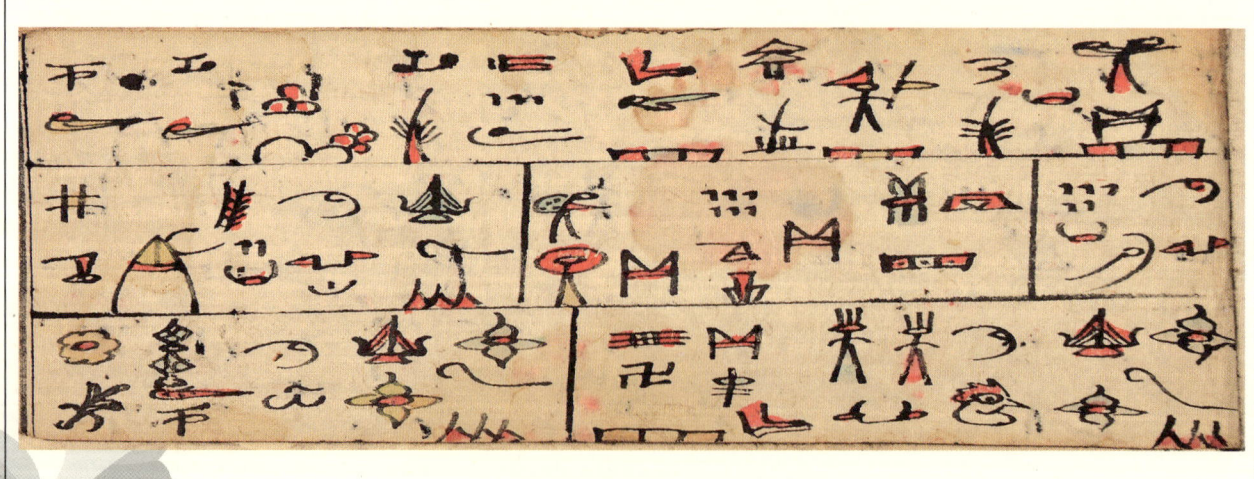

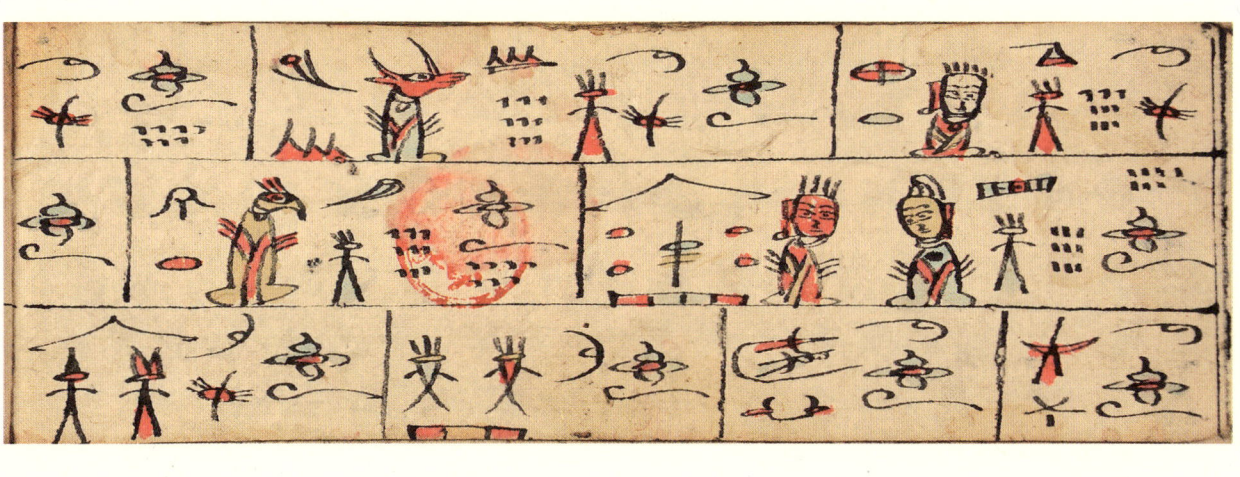

第五十二卷 纳西族

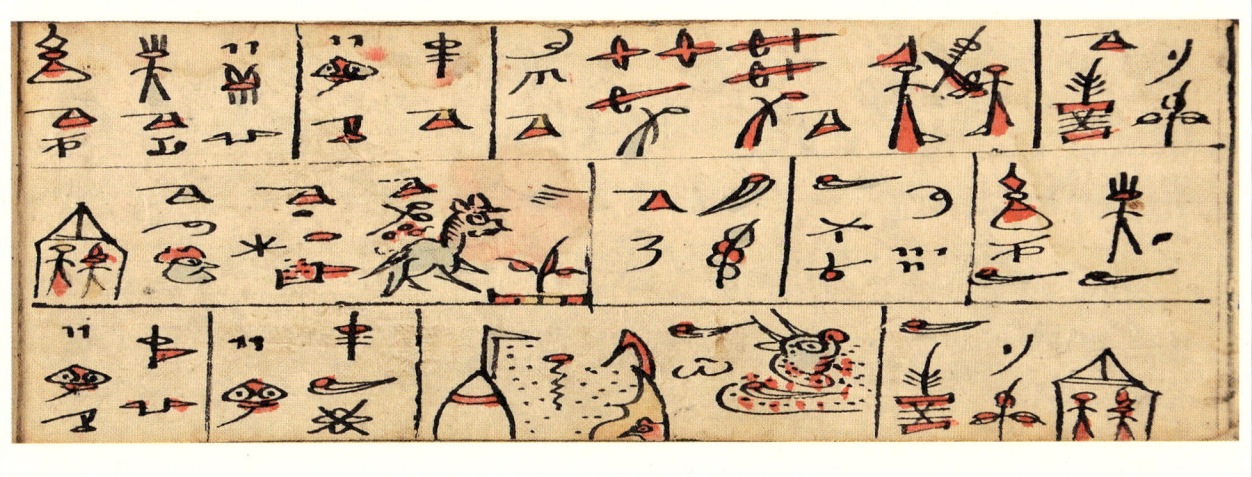

第五十二卷 纳西族

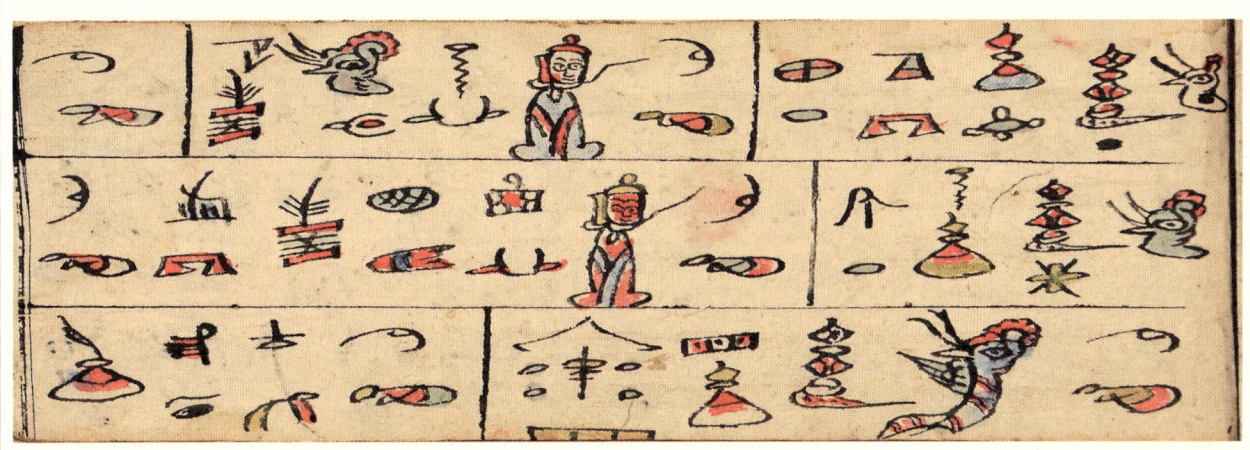

第五十二卷　纳西族

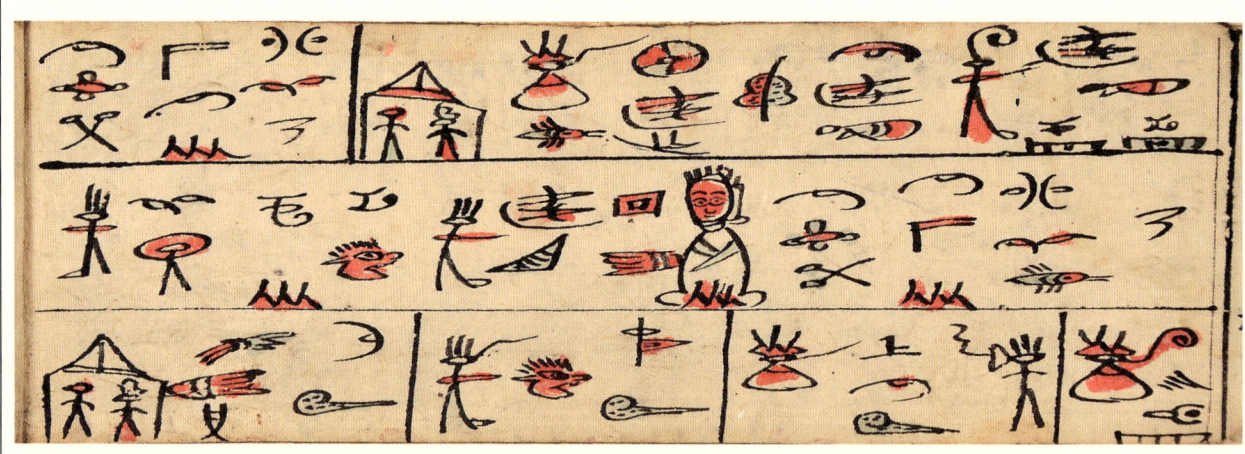

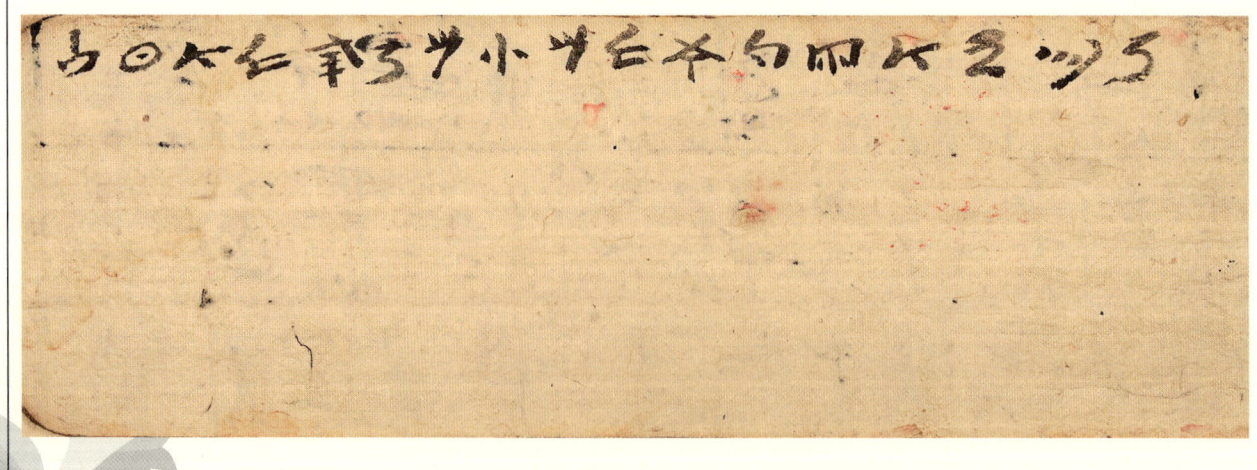

第五十二卷 纳西族

云南少数民族古籍珍本集成

第五十二卷 纳西族

禳垛鬼仪式·新年烧香

纳西族阮可东巴经，禳垛鬼仪式用书。流传于云南省丽江市纳西族地区。不分卷，1册，佚名撰。讲述新年到来，要烧香祈福。旧抄本，线订册叶装，墨书。开本高10.6厘米，广27.3厘米，每页四行。保存完好。今藏于丽江市东巴文化研究院。

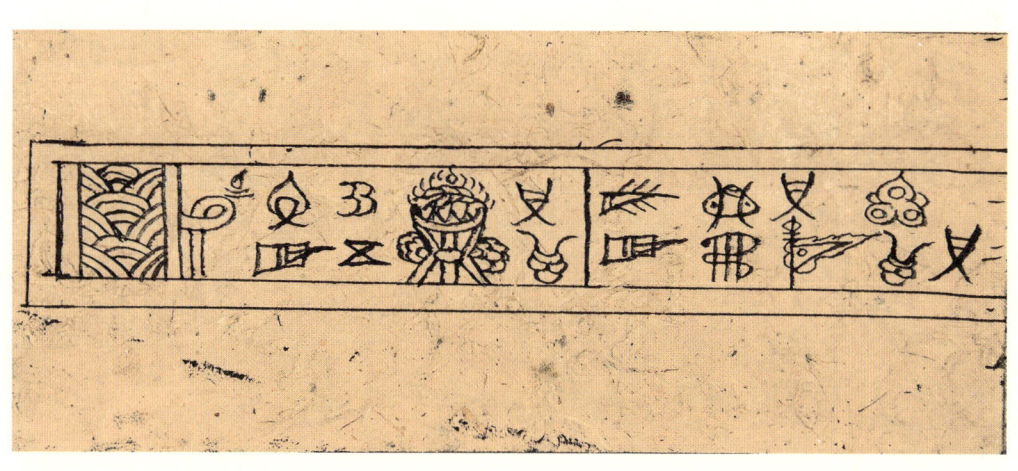

第五十二卷 纳西族

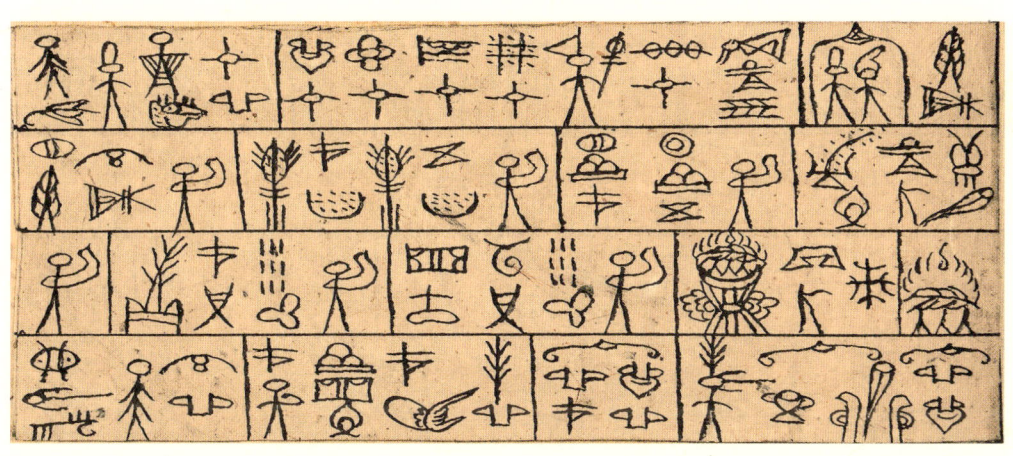

第五十二卷　纳西族

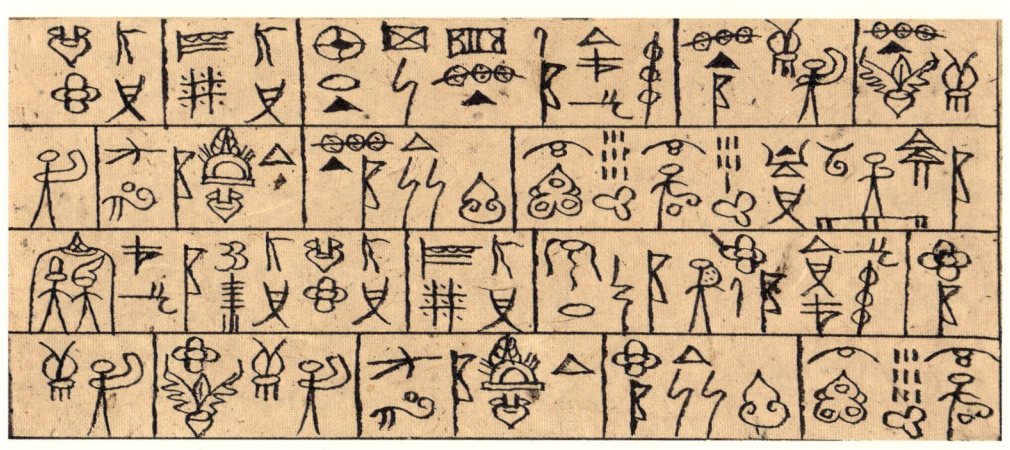

第五十二卷 纳西族

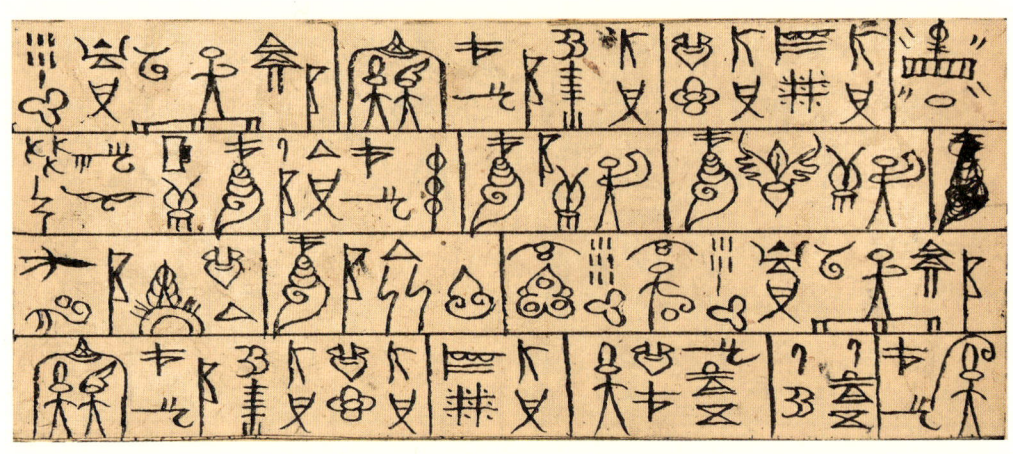

第五十二卷 纳西族

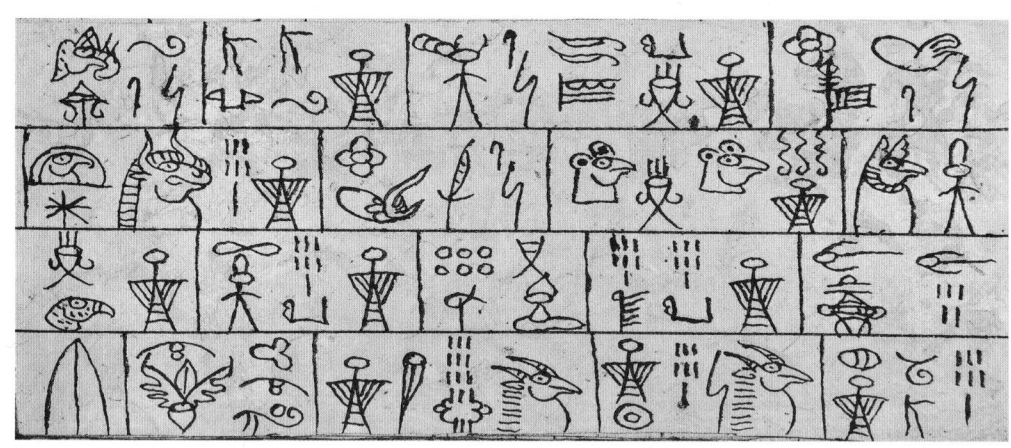

第五十二卷　纳西族

第五十二卷 纳西族

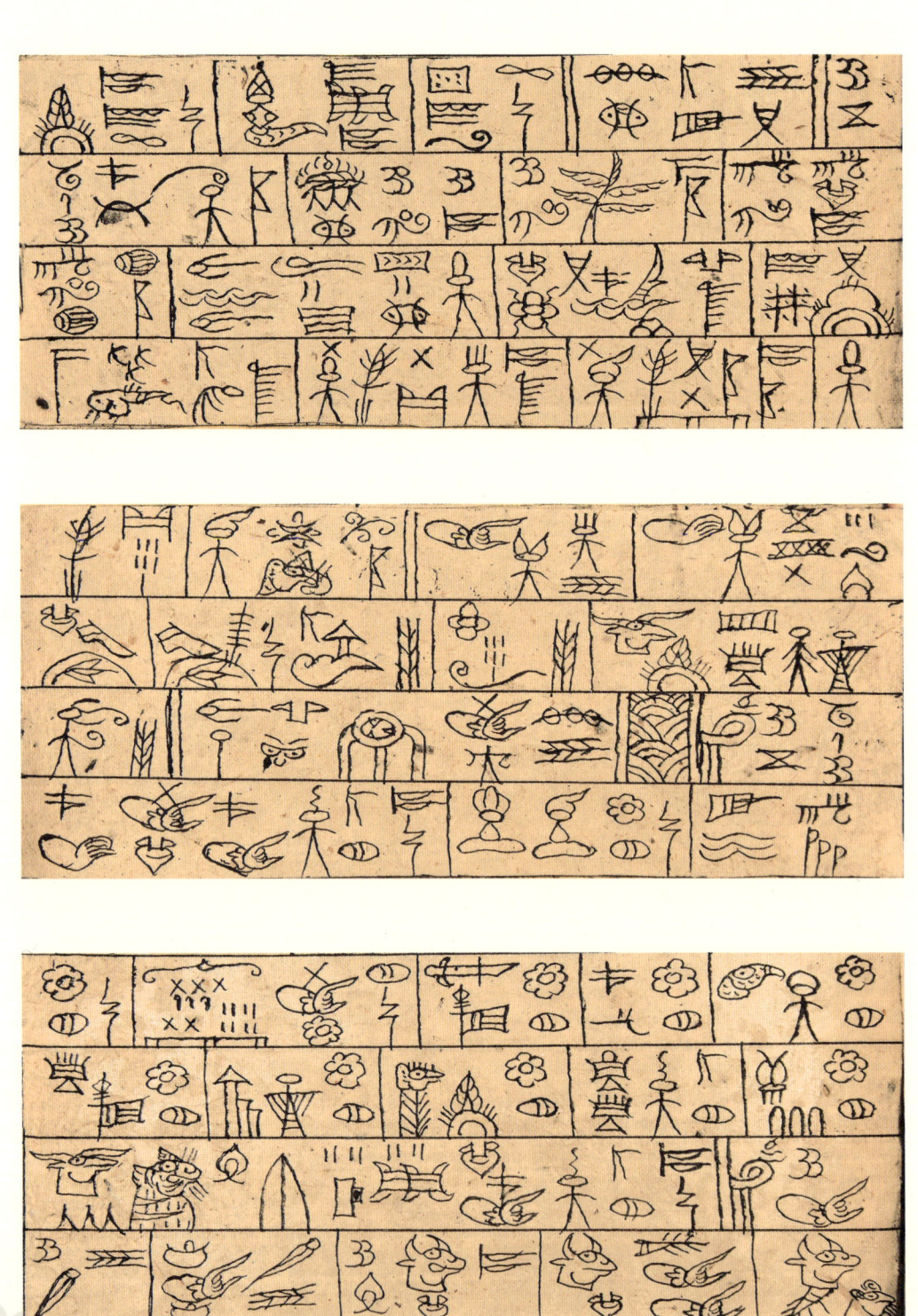

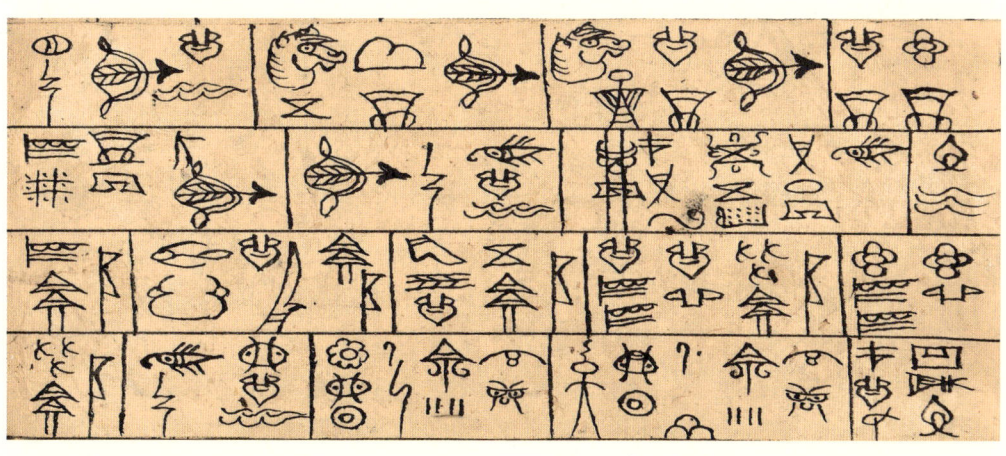

第五十二卷　纳西族

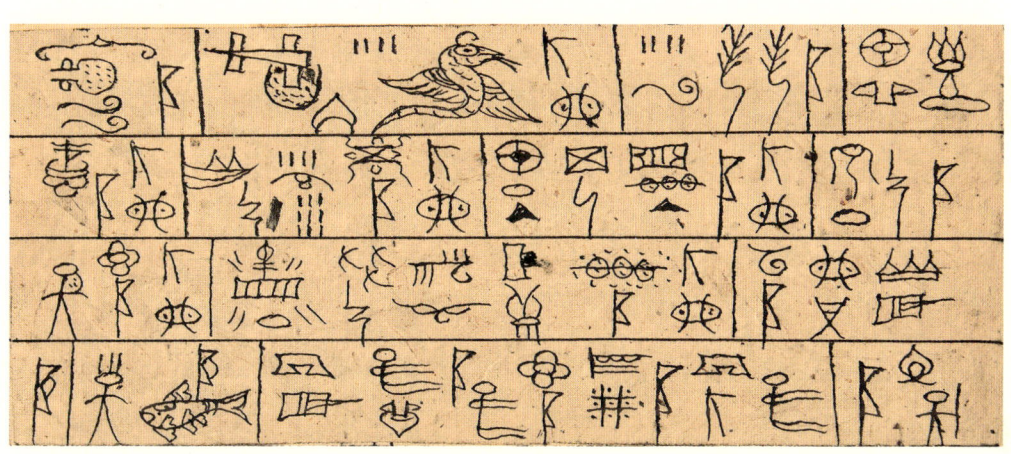

第五十二卷 纳西族

云南少数民族古籍珍本集成

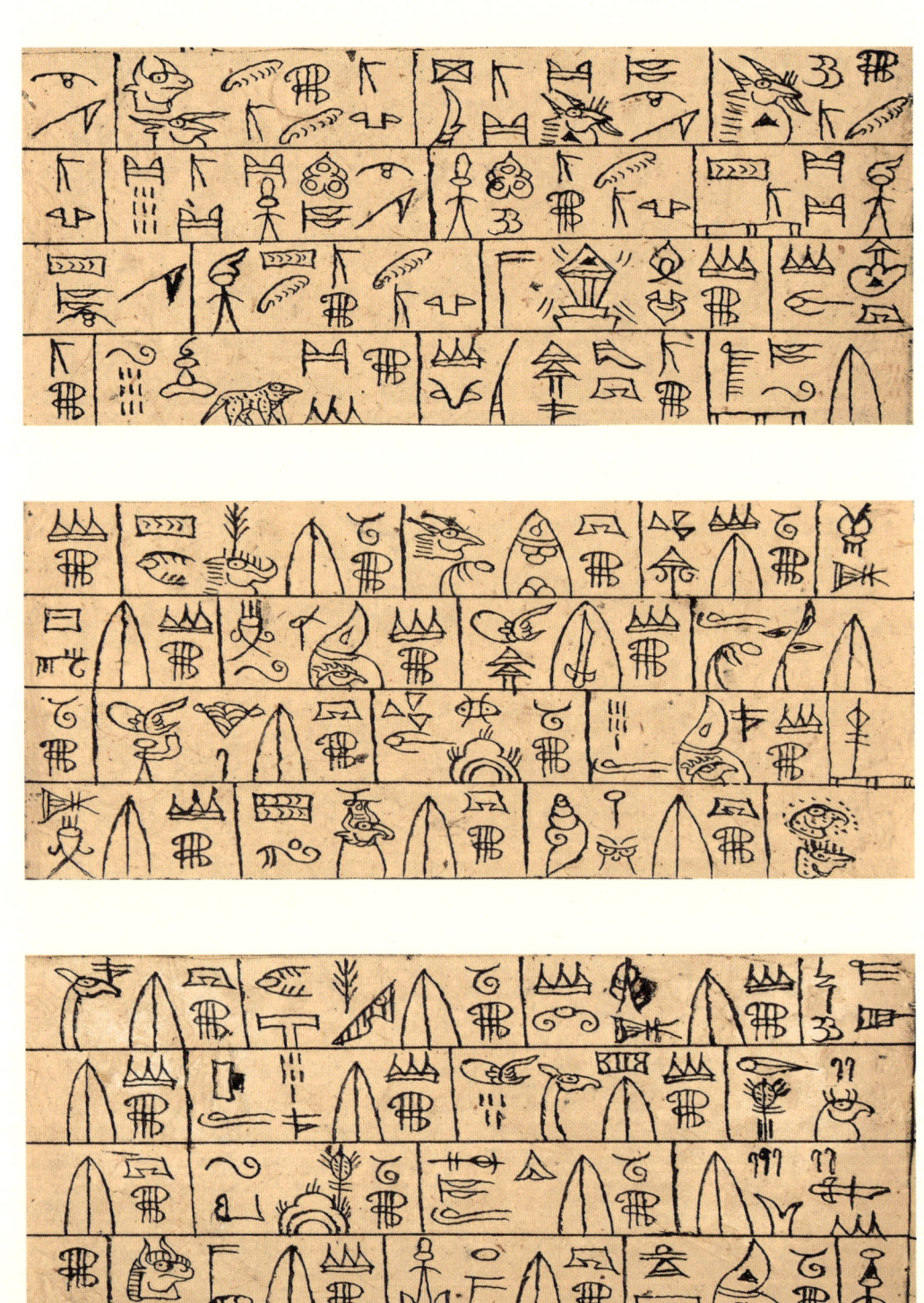

第五十二卷　纳西族

禳垛鬼仪式·云的来历

　　纳西族阮可东巴经，禳垛鬼仪式用书。流传于云南省丽江市纳西族地区。不分卷，1册，佚名撰。讲述云的来历。旧抄本，线订册叶装，墨书。页面高11.1厘米，广27.4厘米，每页四行。保存完好。今藏于丽江市东巴文化研究院。

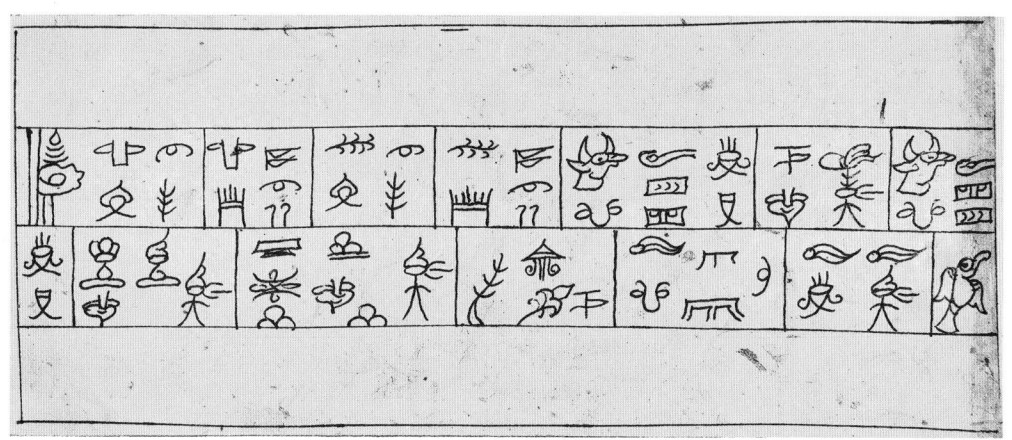
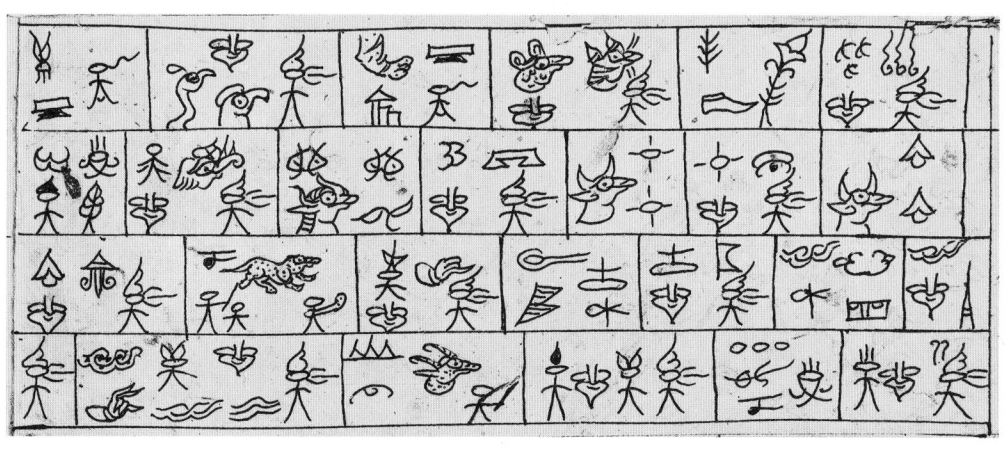

第五十二卷　纳西族

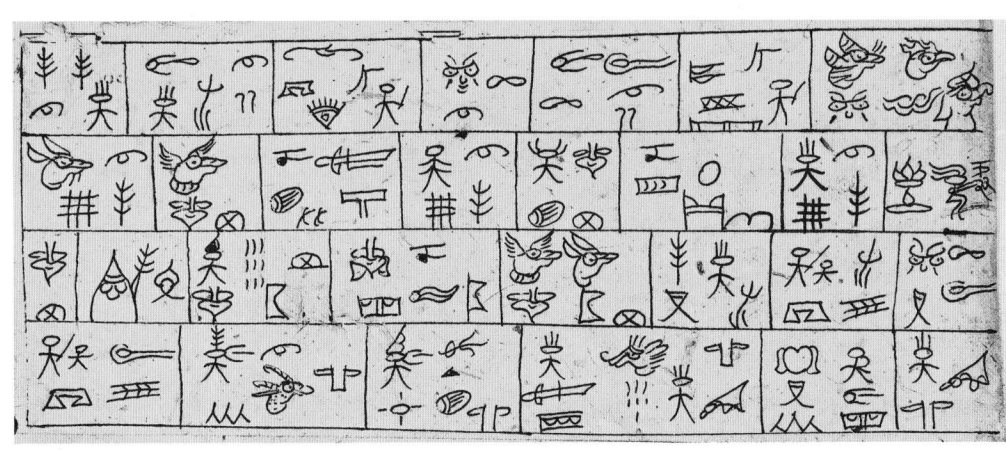
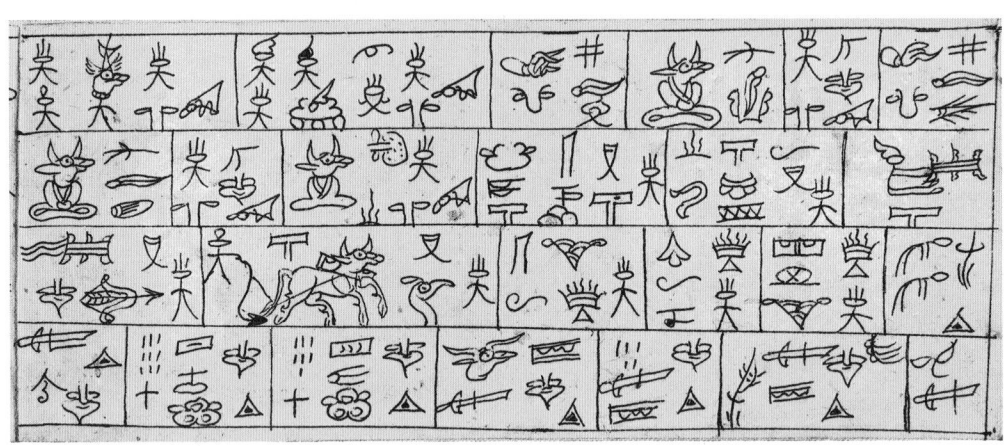
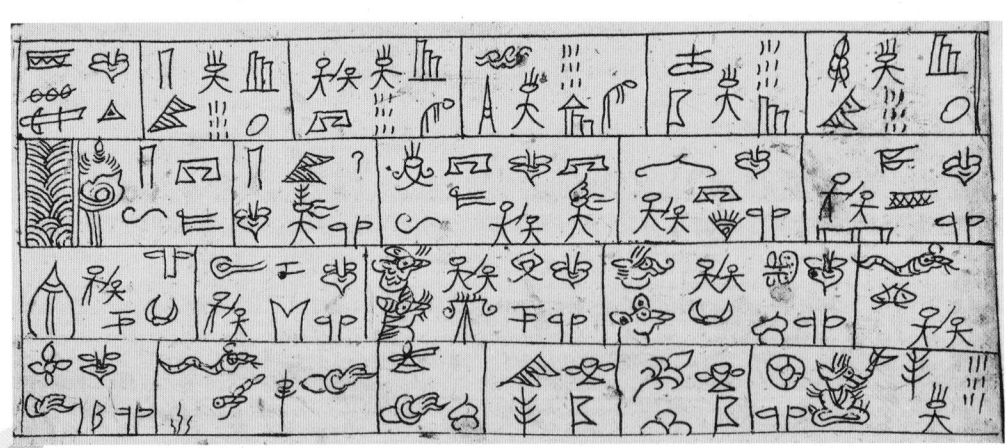

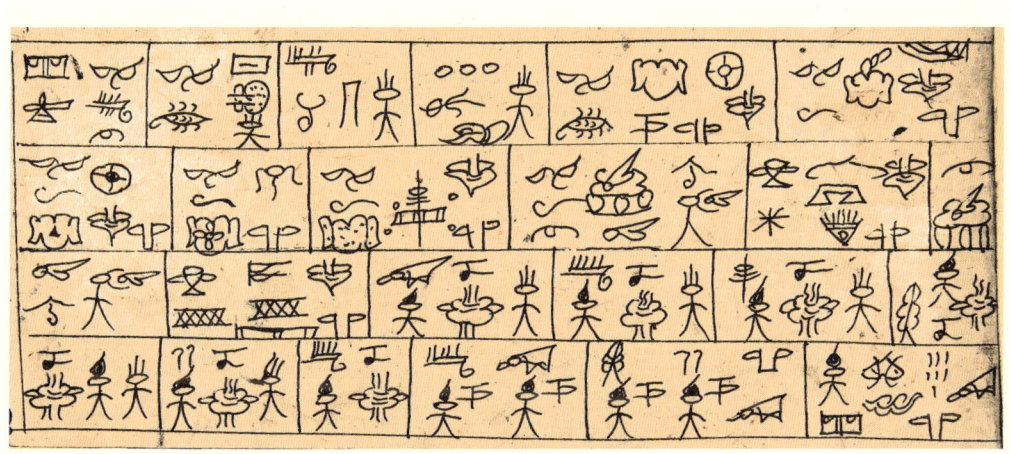

第五十二卷 纳西族

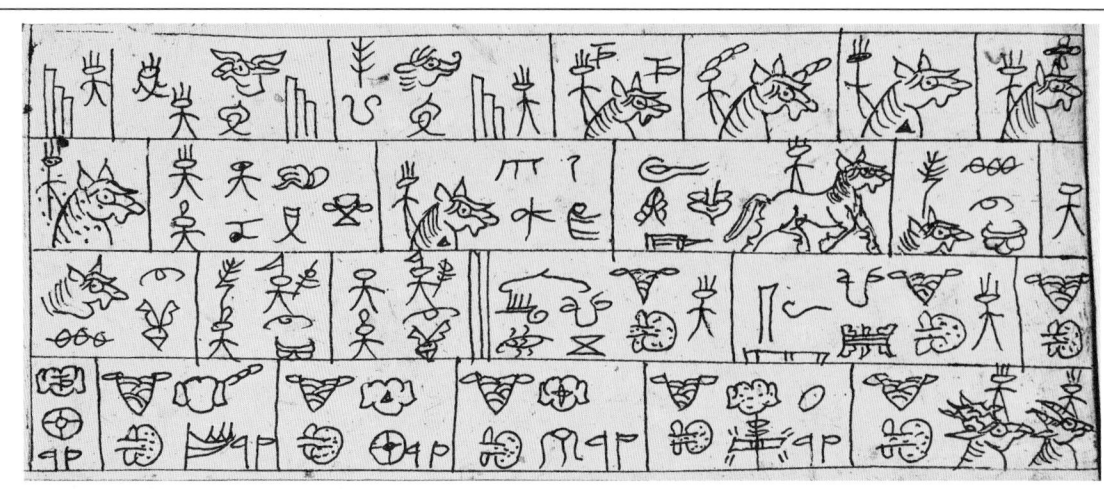

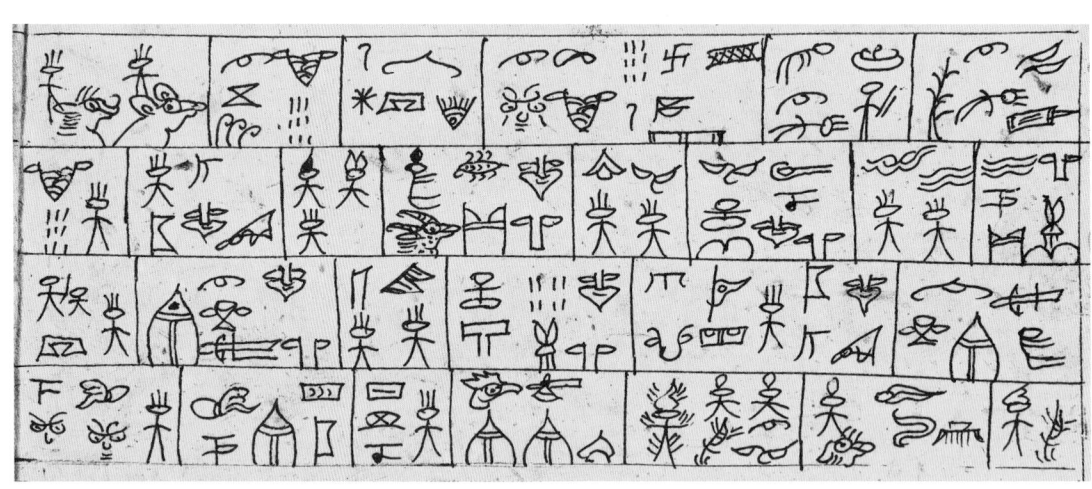

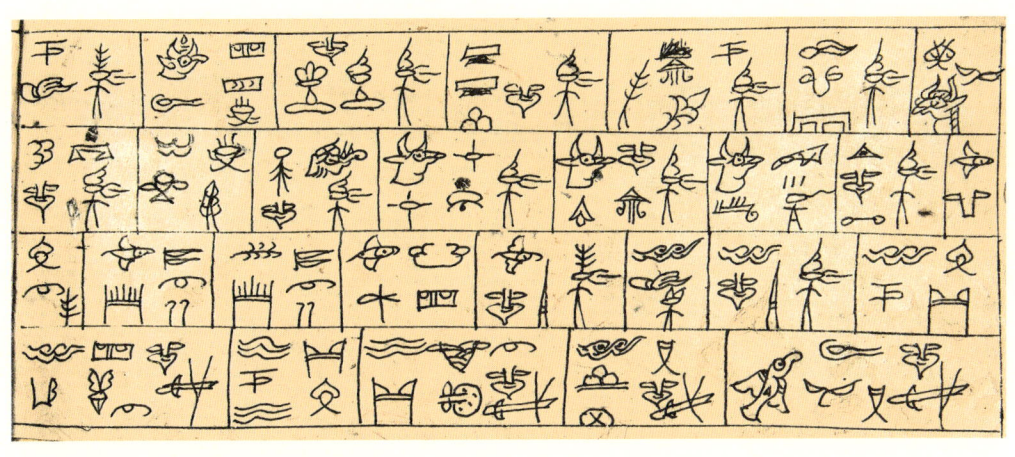
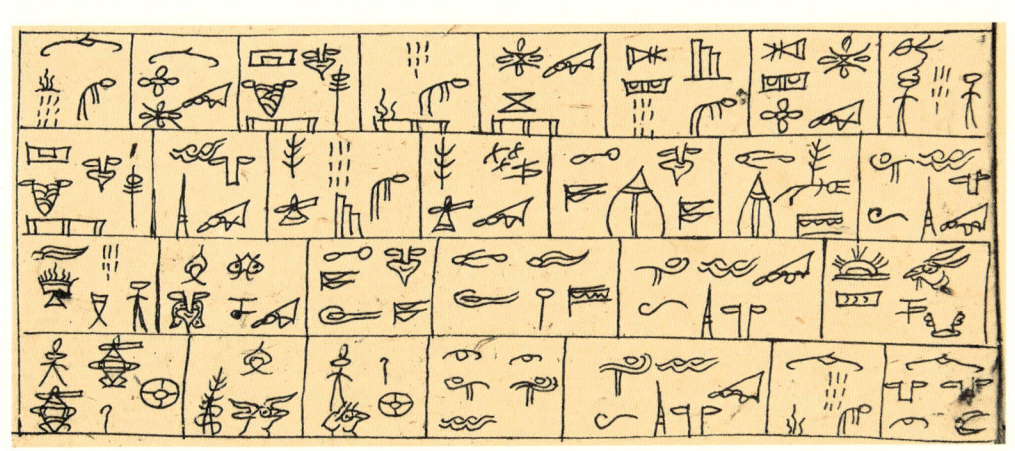

第五十二卷 纳西族

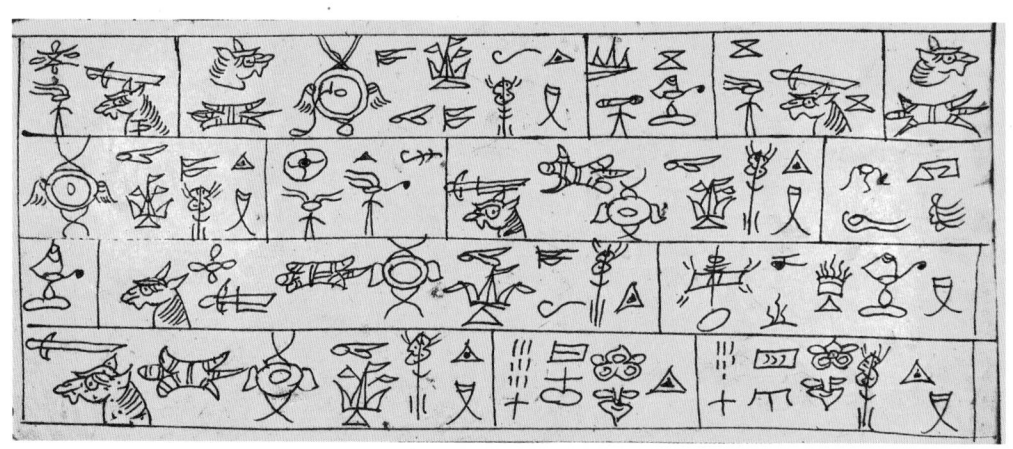
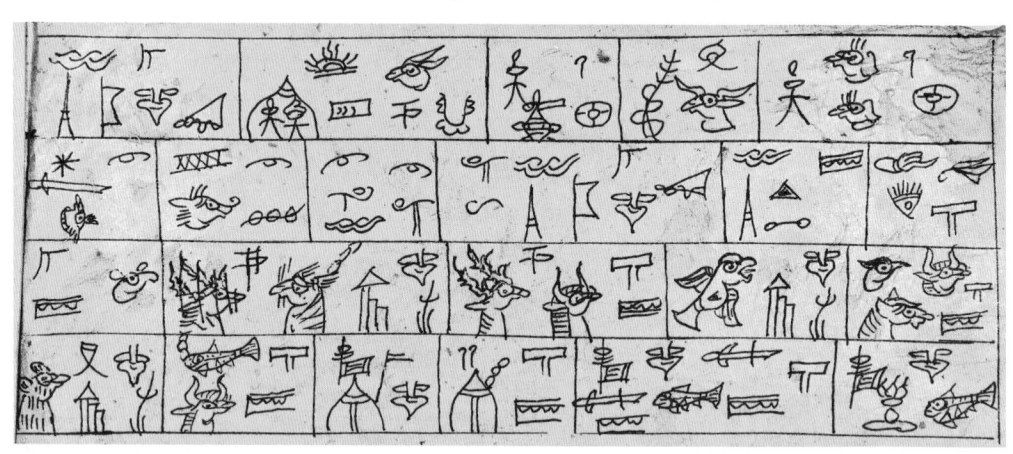

禳垛鬼仪式·松树的来历

　　纳西族阮可东巴经，禳垛鬼仪式用书。流传于云南省丽江市纳西族地区。不分卷，1册，佚名撰。讲述了松树的来历。旧抄本，线订册叶装。开本高11.4厘米，广27.4厘米，每页四行。保存完好。今藏于丽江市东巴文化研究院。

第五十二卷　纳西族

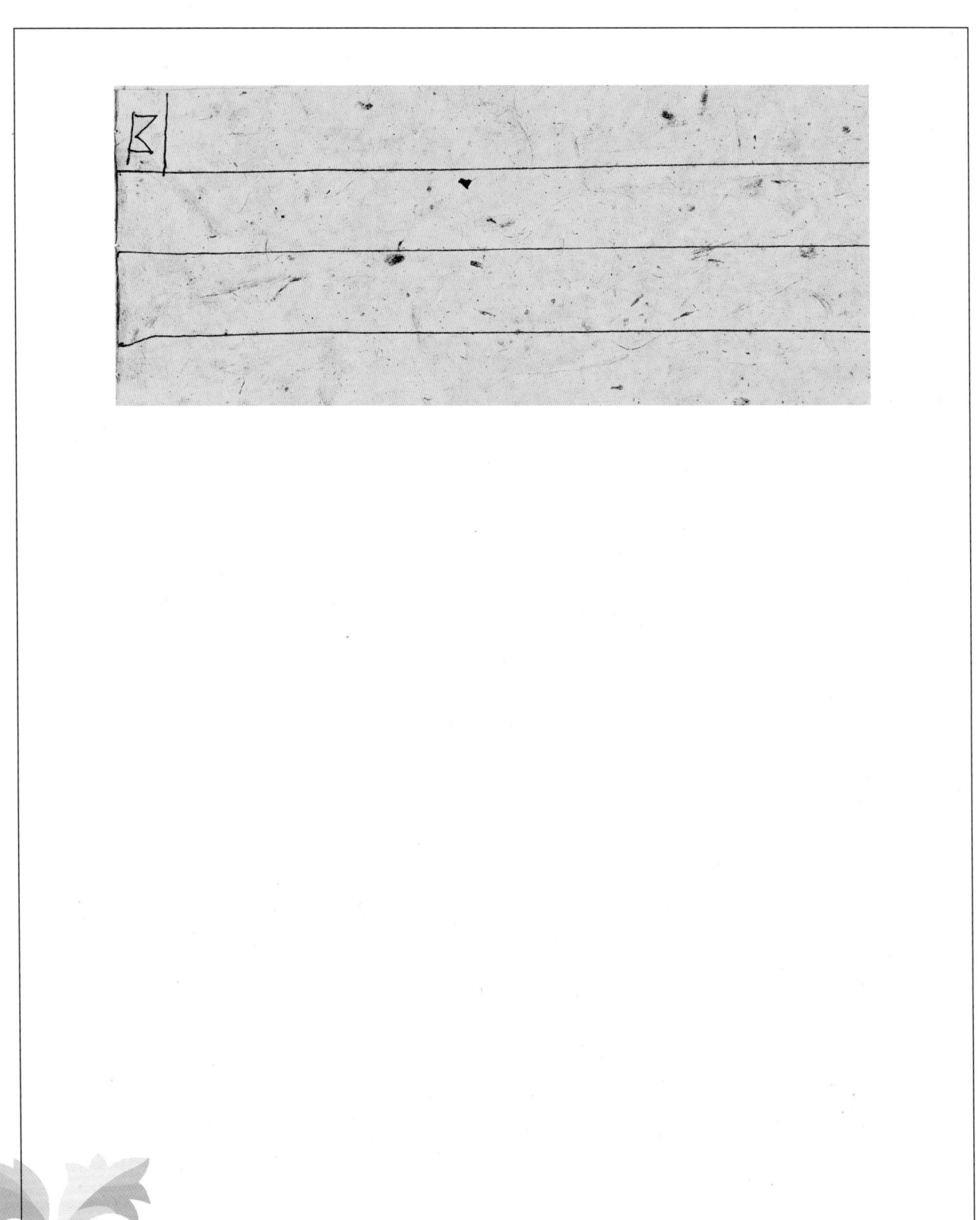

祭端鬼·请精如神驱端鬼·上

纳西族东巴经。流传于云南省丽江市纳西族地区。不分卷，1册。佚名撰。讲述了因为美利董主和美利术主发生战争导致人类发生了斗争，同时也产生了端鬼和浊鬼。在人间生活的崇忍利恩与衬恒褒白遭到端鬼和浊鬼释放的疾病与灾祸，便让拉吾拉刹去十八层天请莫毕精如。旧抄本，线订册叶装，墨书。页面高9.5厘米，广28.3厘米，每页三行。保存完好。今藏于丽江市东巴文化研究院。

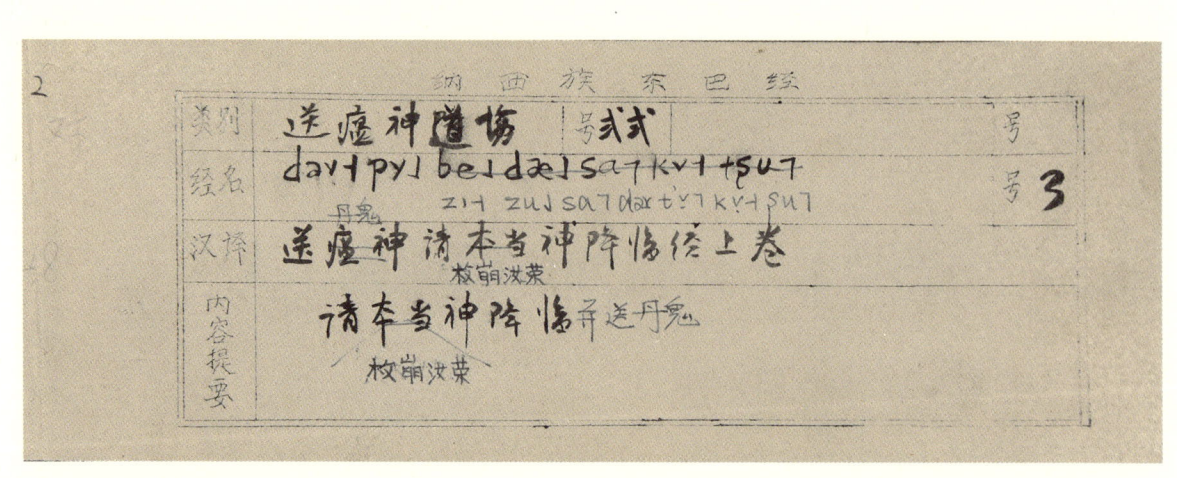

第五十二卷　纳西族

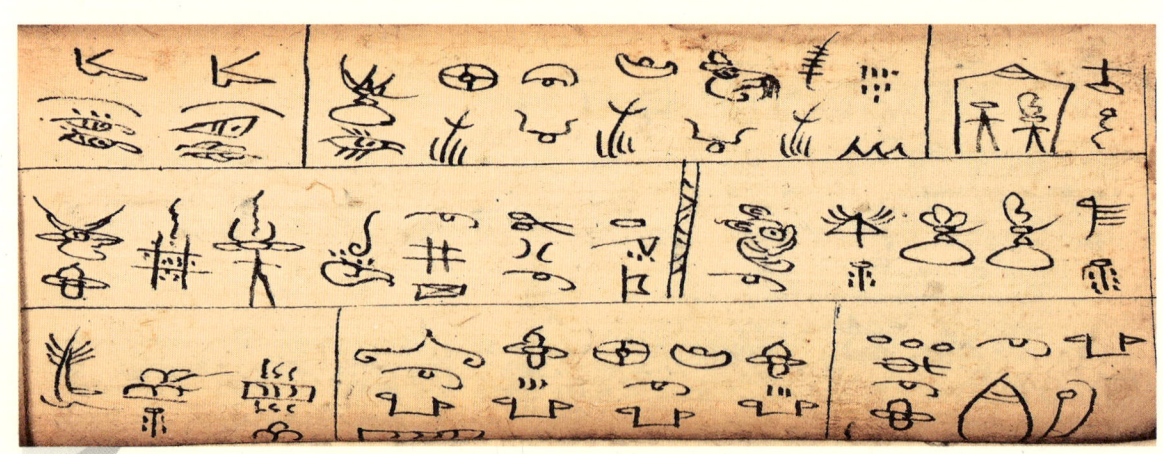

第五十二卷 纳西族

第五十二卷 纳西族

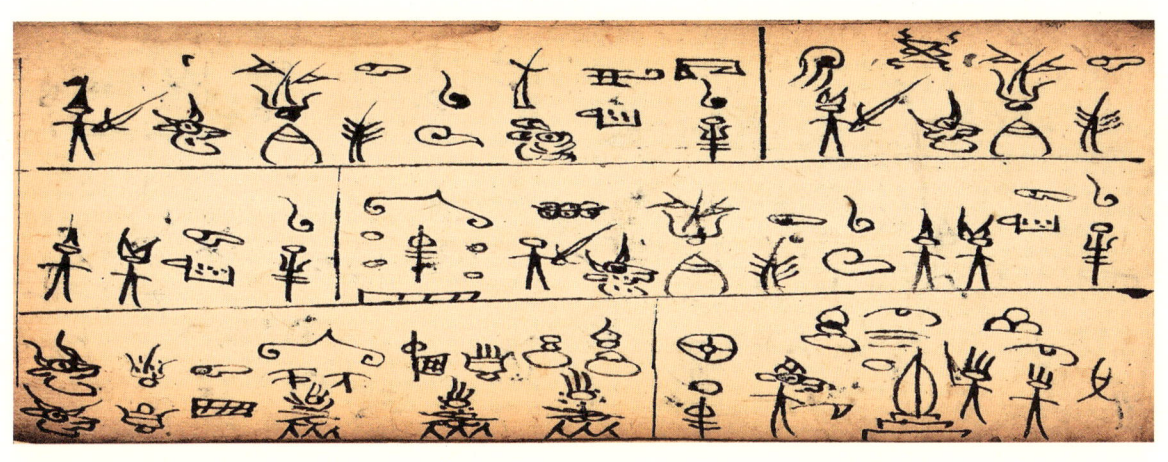

第五十二卷　纳西族

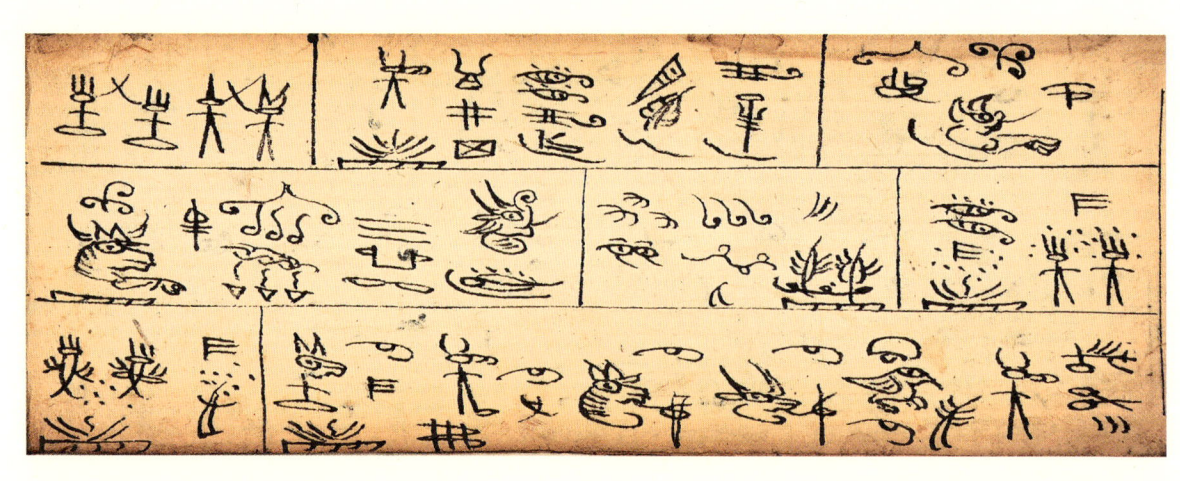

第五十二卷 纳西族

祭端鬼·请莫毕精如·下

纳西族东巴经。流传于云南省丽江市纳西族地区。不分卷，1册。卷尾注此经典为朵拉书。讲述了精奔和拉刹历经曲折寻找到莫毕精如神并巧妙地解答了莫毕精如神出的难题。莫毕精如神带领神兵勇将把端鬼压下去了，赐给人类福分与保佑。旧抄本，线订册叶装，墨书。开本高9.6厘米，广28.8厘米，每页三行。保存完好。今藏于丽江市东巴文化研究院。

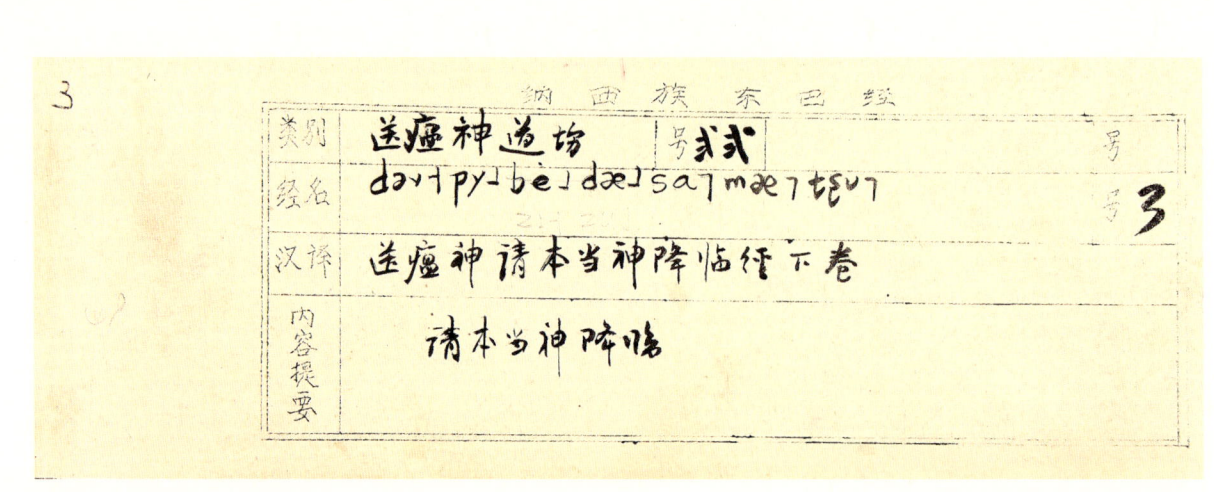

第五十二卷　纳西族

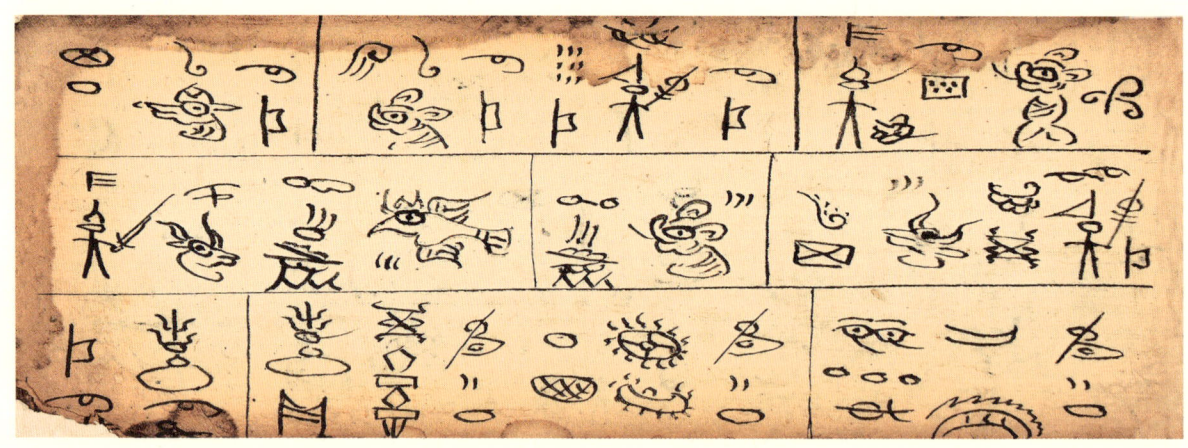

第五十二卷 纳西族

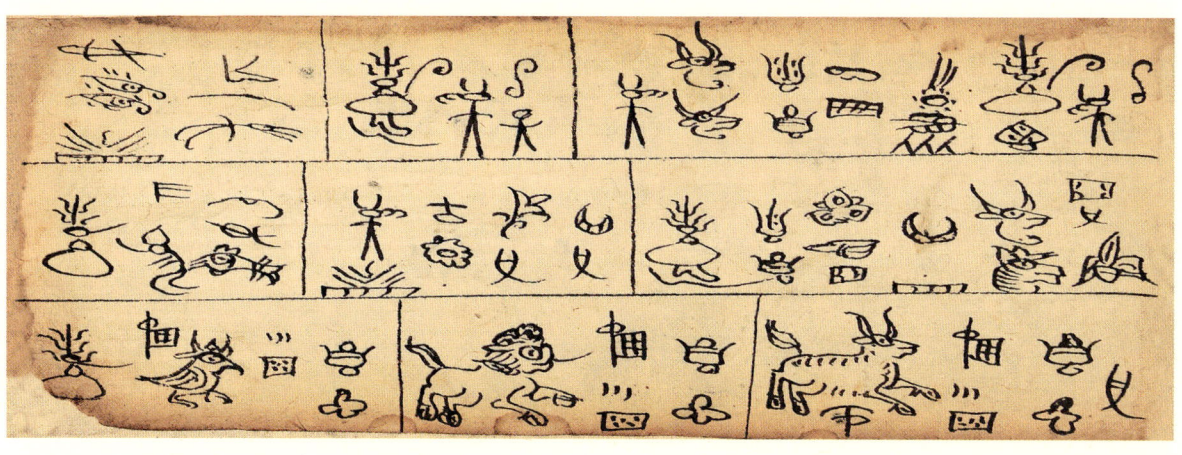

第五十二卷　纳西族

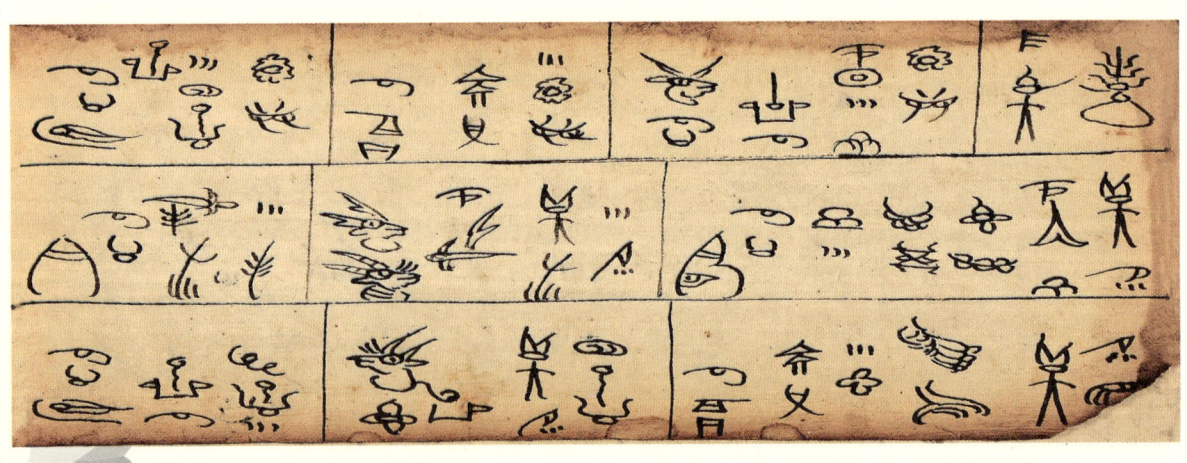

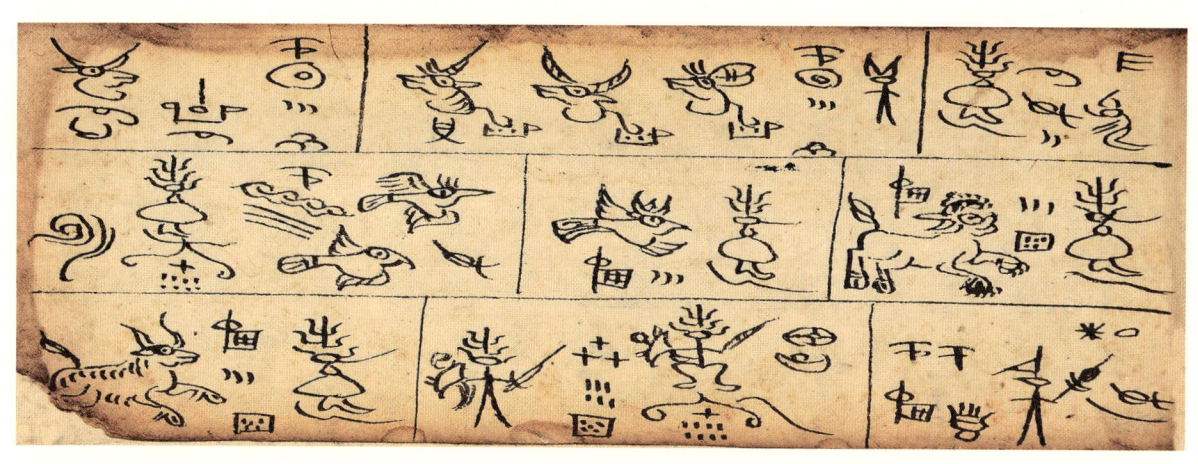

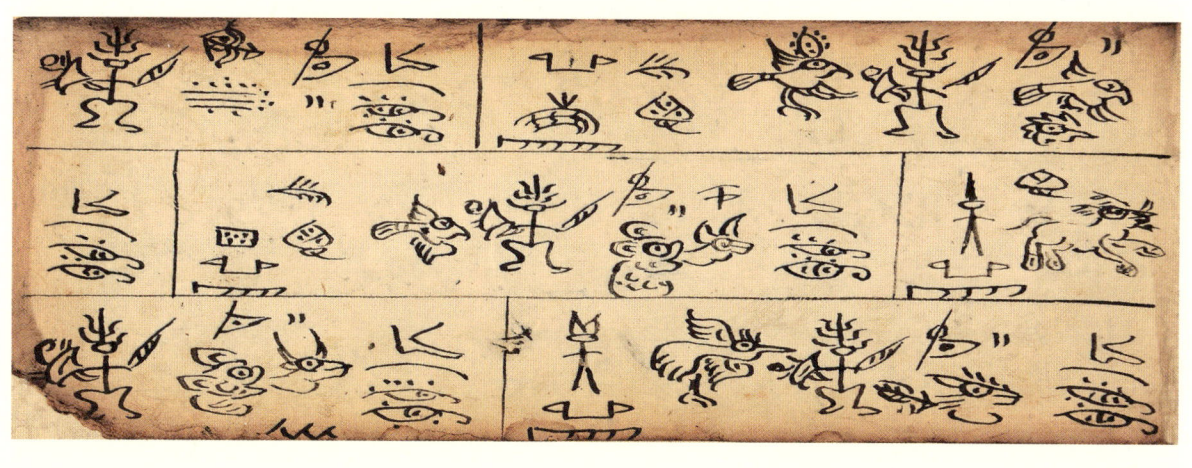

第五十二卷　纳西族

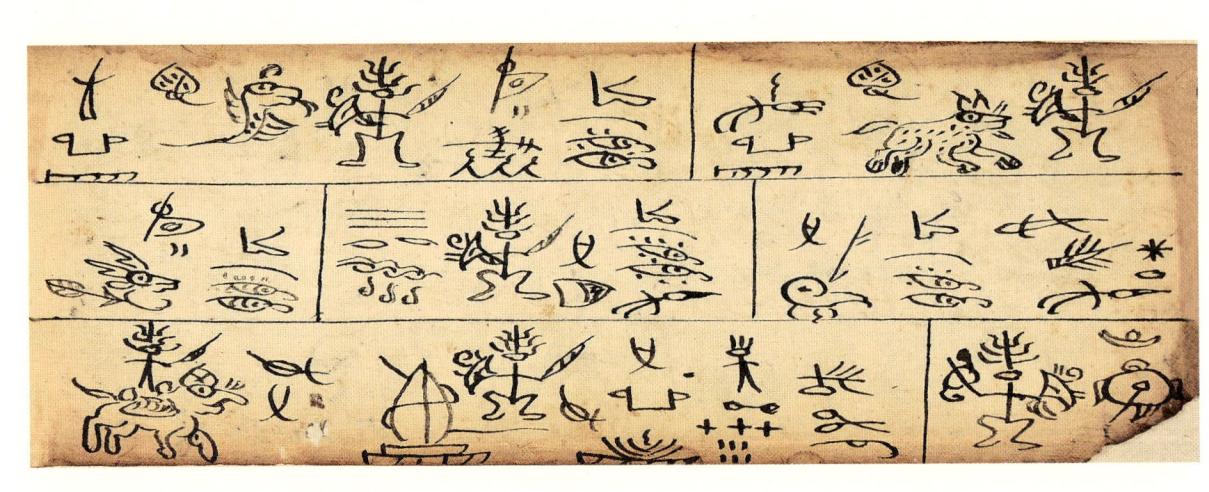

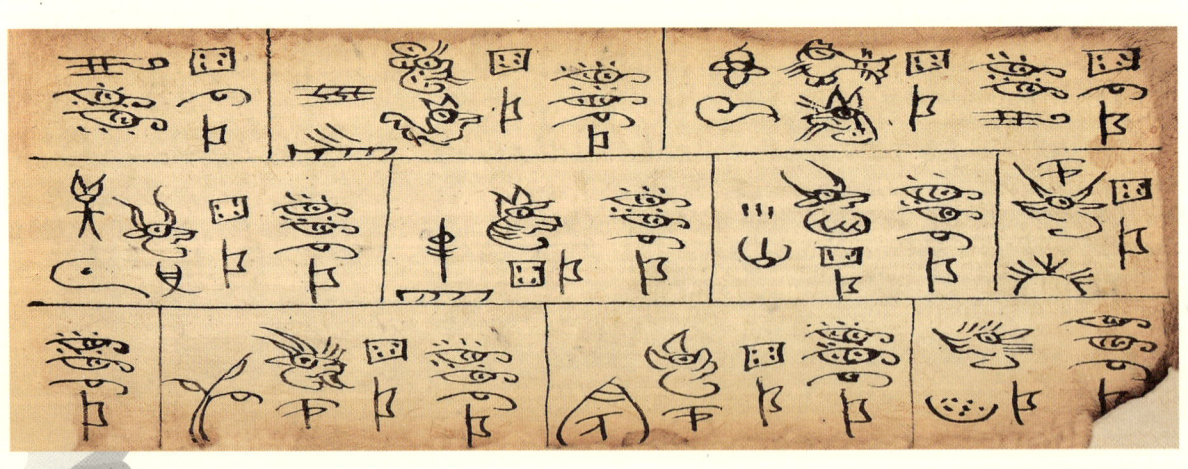

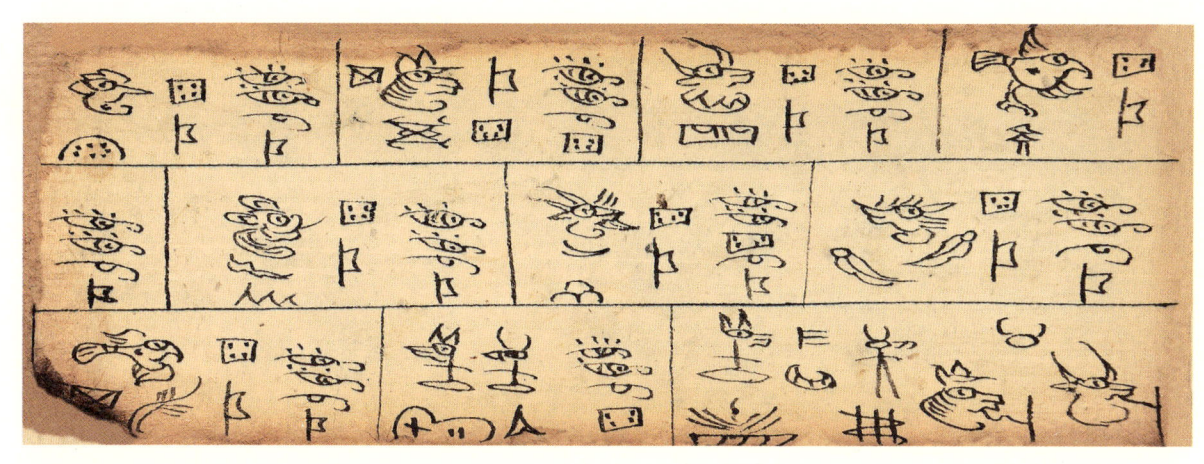
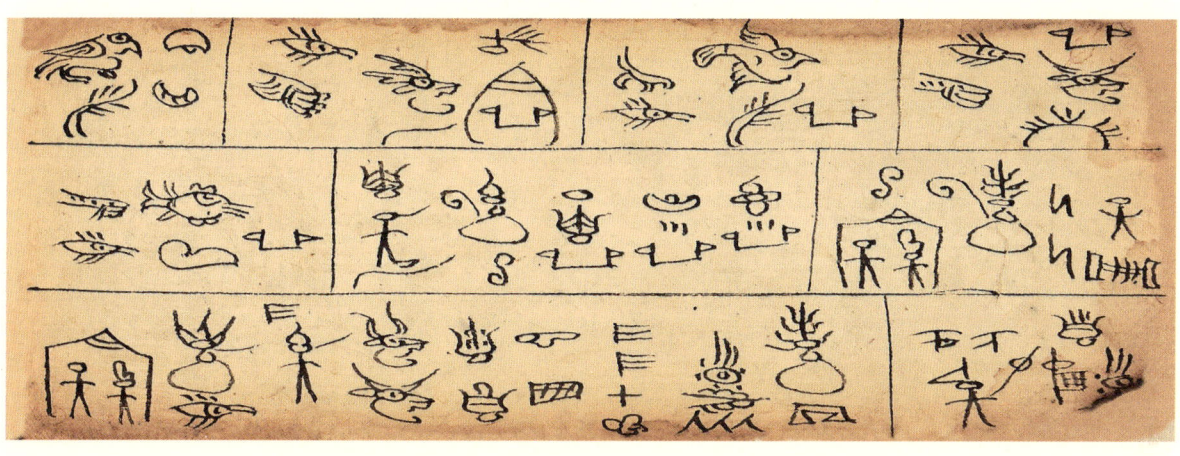

第五十二卷　纳西族

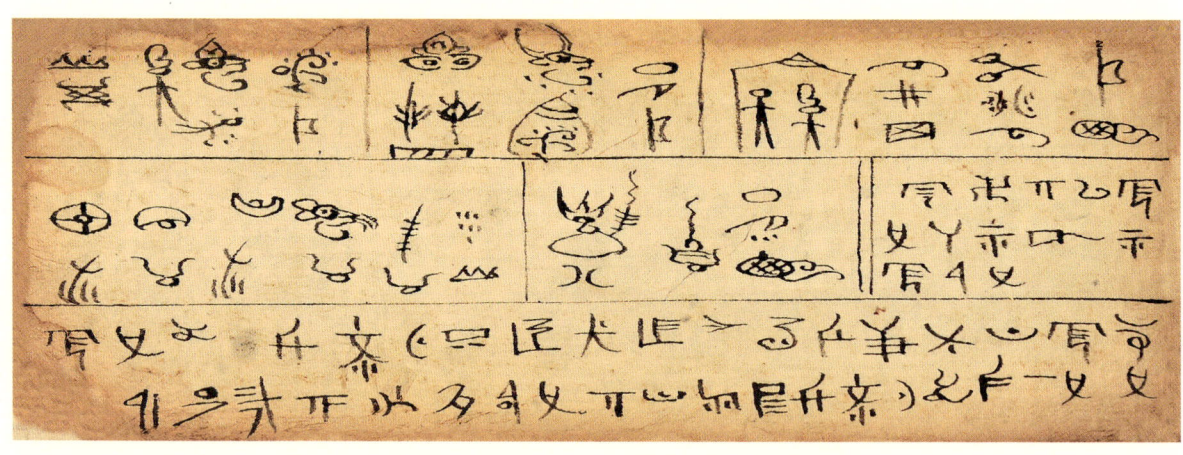

压呆鬼·请朗久敬久神

纳西族东巴经。流传于云南省丽江市纳西族地区。不分卷，1册，卷尾注此经典为东杨的书。讲述了呆鬼、尤鬼、佬鬼等降临人间，拉吾拉刹自告奋勇上十八层天请朗久敬久神，最终凭借自己的智慧和口才请朗久敬久神带着神兵下凡镇压住了呆鬼、尤鬼和佬鬼。旧抄本，线订册叶装。开本高9.5厘米，广29.5厘米，每页三行。整本经书彩色书写。保存完好。今藏于丽江市东巴文化研究院。

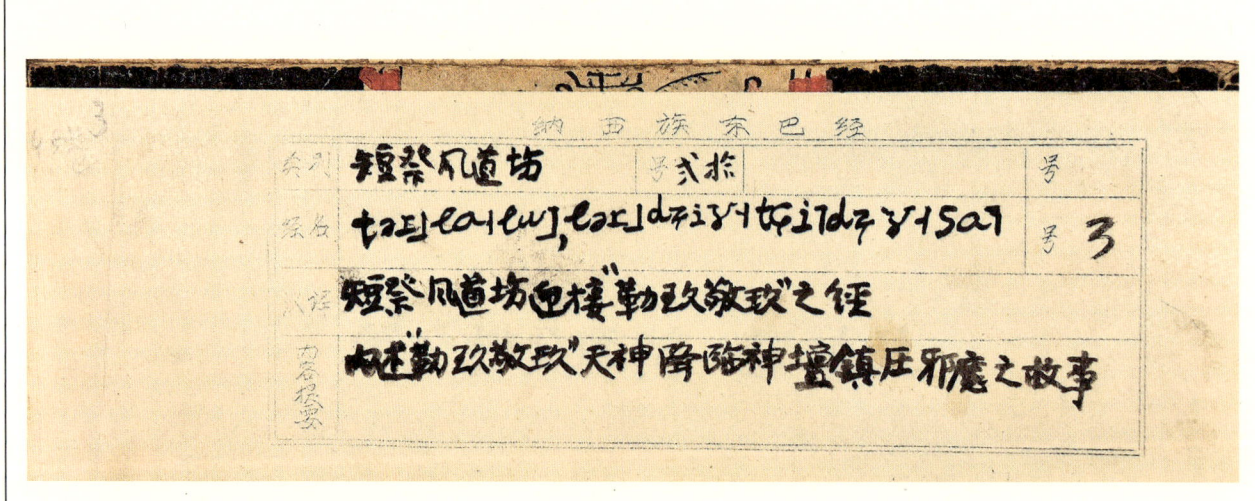

第五十二卷　纳西族

第五十二卷　纳西族

第五十二卷　纳西族

第五十二卷 纳西族

云南少数民族古籍珍本集成

第五十二卷 纳西族

云南少数民族古籍珍本集成

第五十二卷 纳西族

云南少数民族古籍珍本集成

第五十二卷　纳西族

云南少数民族古籍珍本集成

祭风·给东巴的报酬，启的来历

纳西族阮可东巴经。流传于云南省丽江市纳西族地区。不分卷，1册，佚名撰。经书前半部分讲给东巴的报酬内容，后半部分讲镇鬼武器——启的来历。旧抄本，构树皮纸，线装。开本高10.5厘米，广27.8厘米，每页四行。保存完好。今藏于丽江市东巴文化研究院。

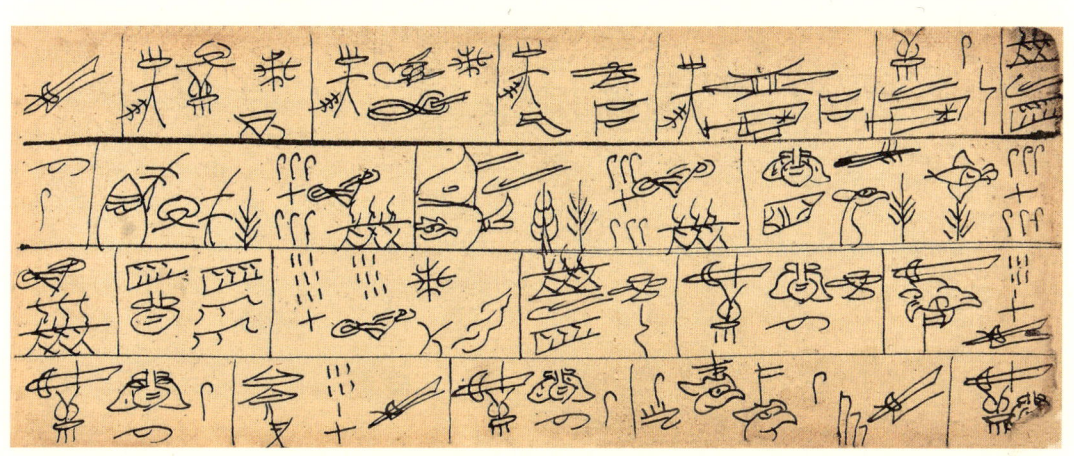

第五十二卷　纳西族

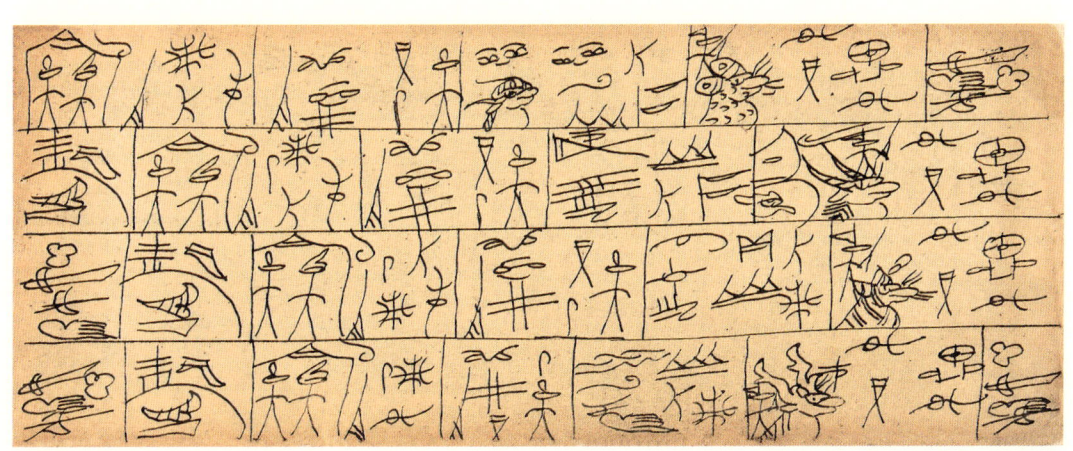

第五十二卷 纳西族

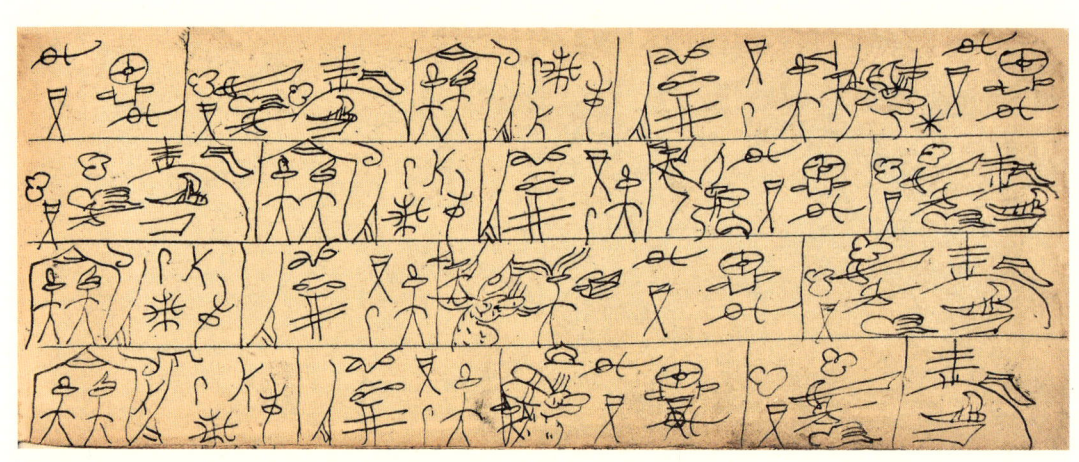
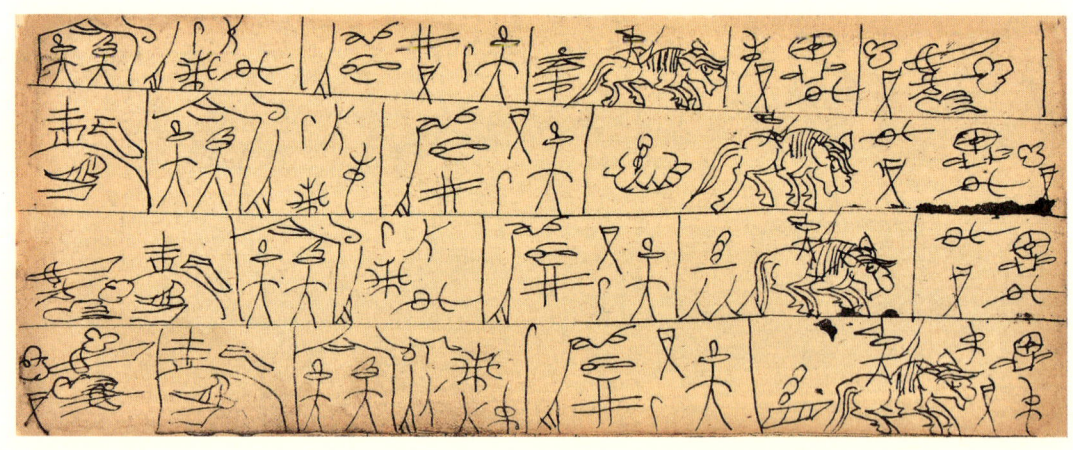

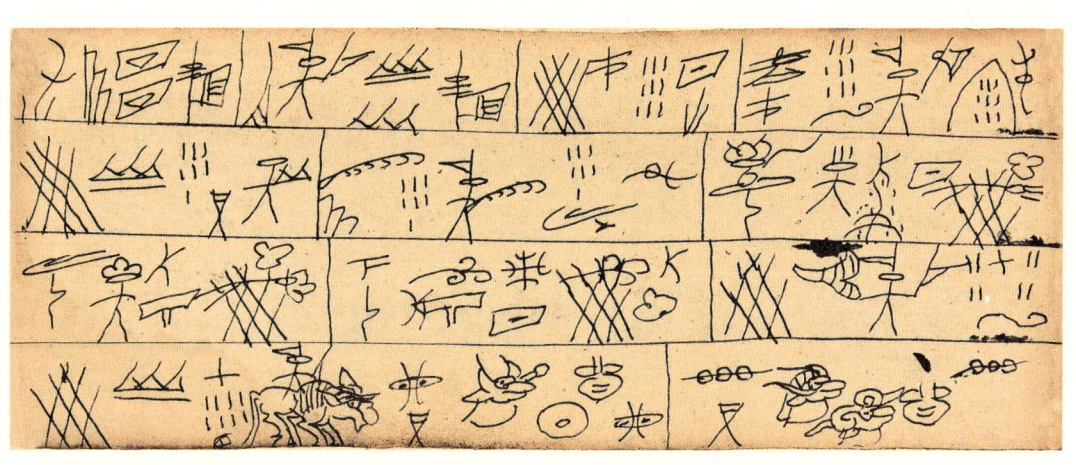

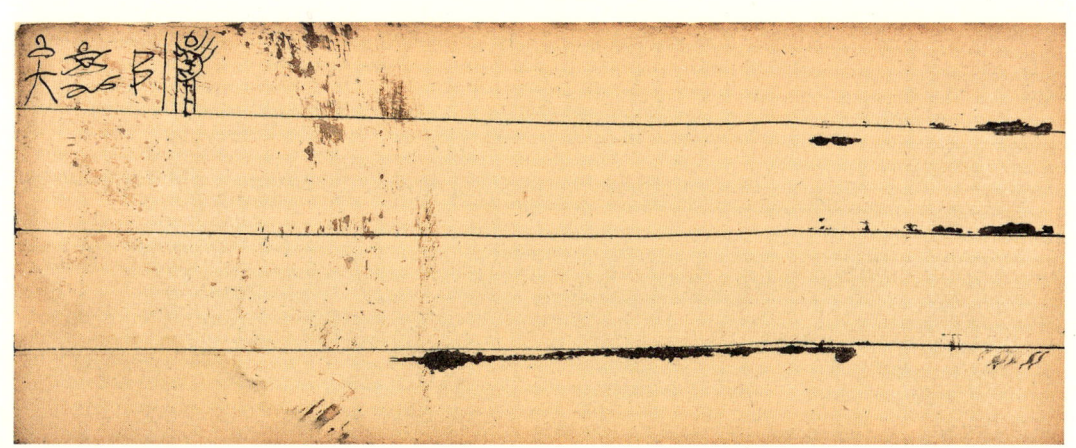

祭风·送给尼鬼

纳西族阮可东巴经。流传于云南省丽江市纳西族地区。不分卷，1册，佚名撰。东巴死后没有好好超度的和没有好好学习的东巴死后会变成尼鬼。此经书就是退送此种鬼。用藏语读经。旧抄本，线订册叶装。开本高10.5厘米，广34.1厘米，每页四行。保存完好。今藏于丽江市东巴文化研究院。

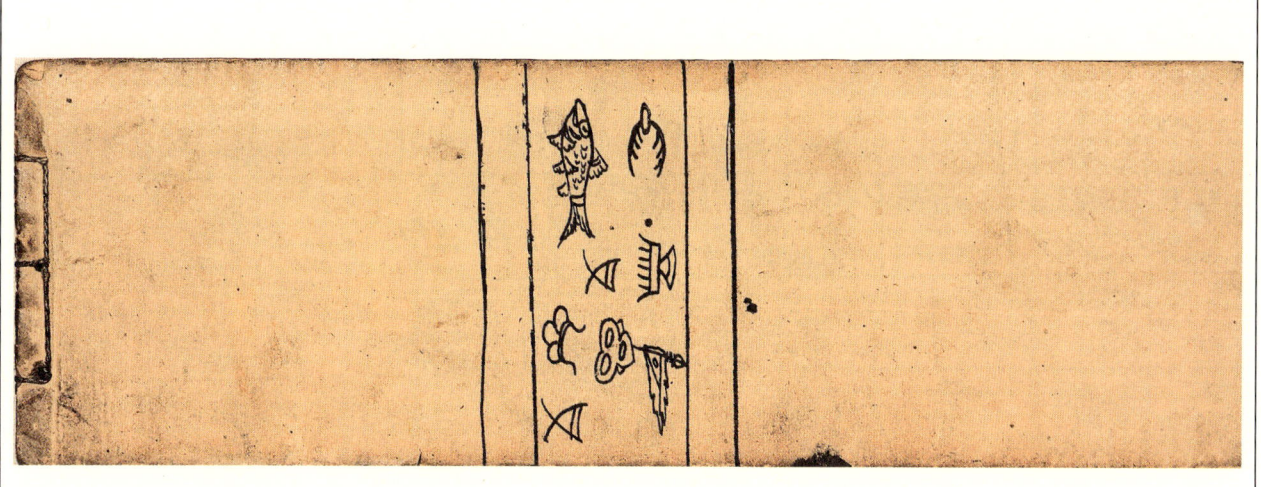

第五十二卷 纳西族

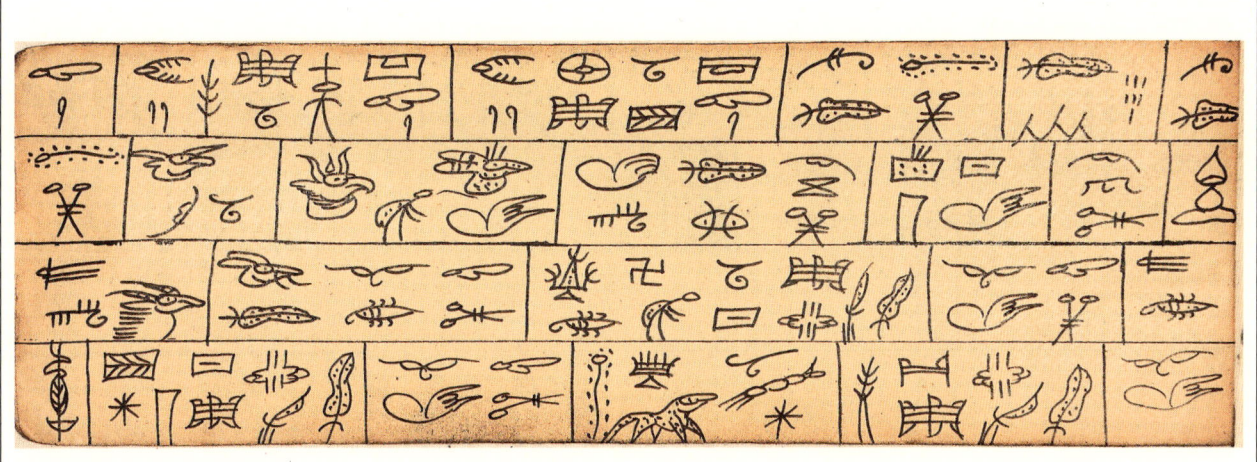

第五十二卷　纳西族

祭风·消除是非

　　纳西族阮可东巴经。流传于云南省丽江市纳西族地区。不分卷，1册，佚名撰。经书讲述了消除东巴作仪式时杀生等各种是非。旧抄本，线订册叶装。开本高10.7厘米，广34.5厘米，每页四行。保存完好。今藏于丽江市东巴文化研究院。

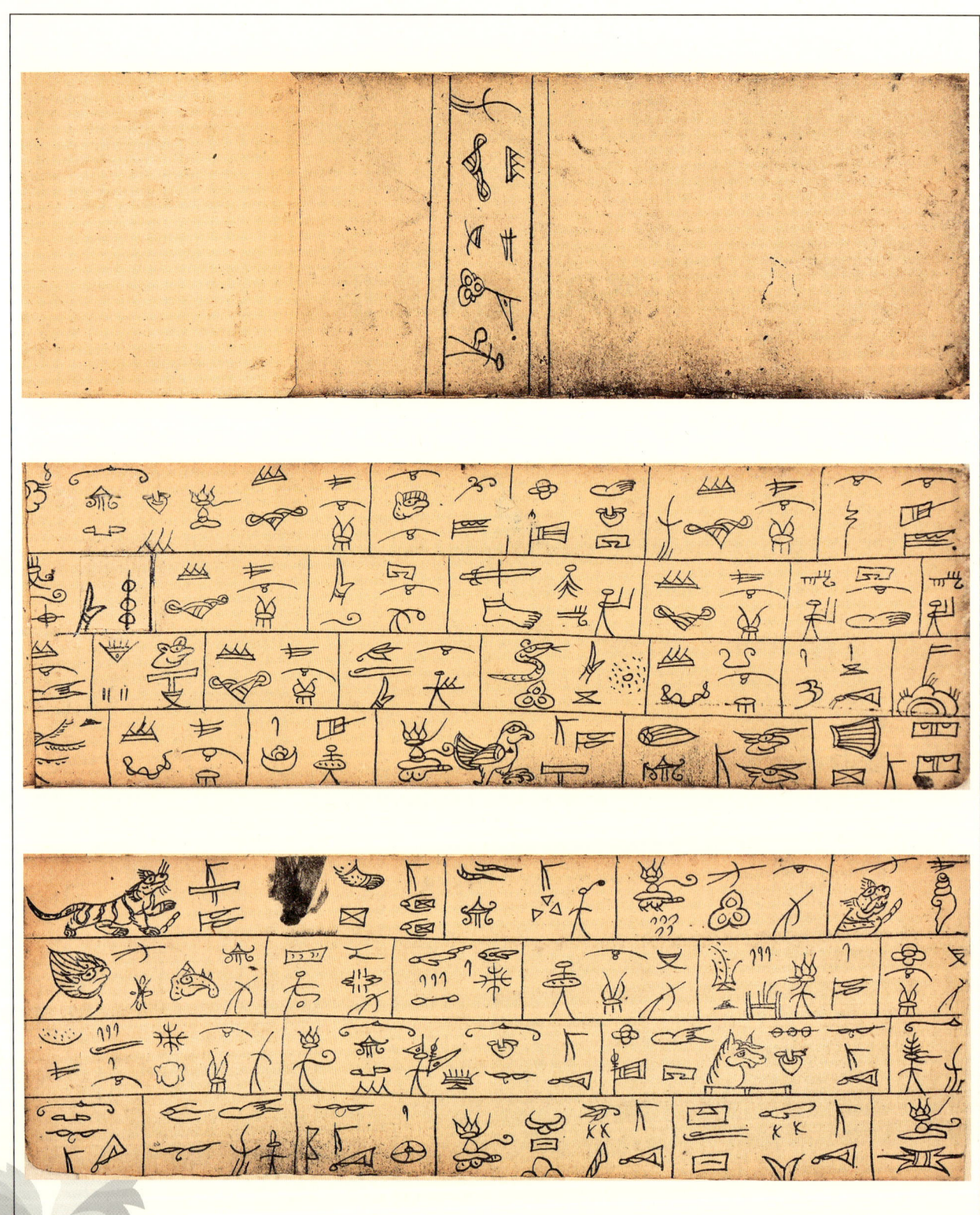

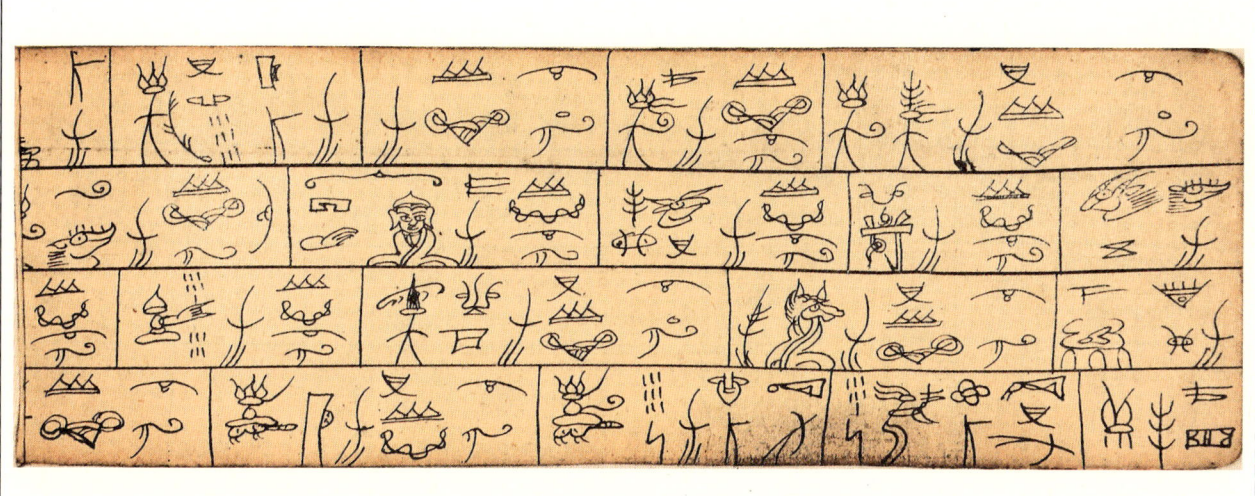
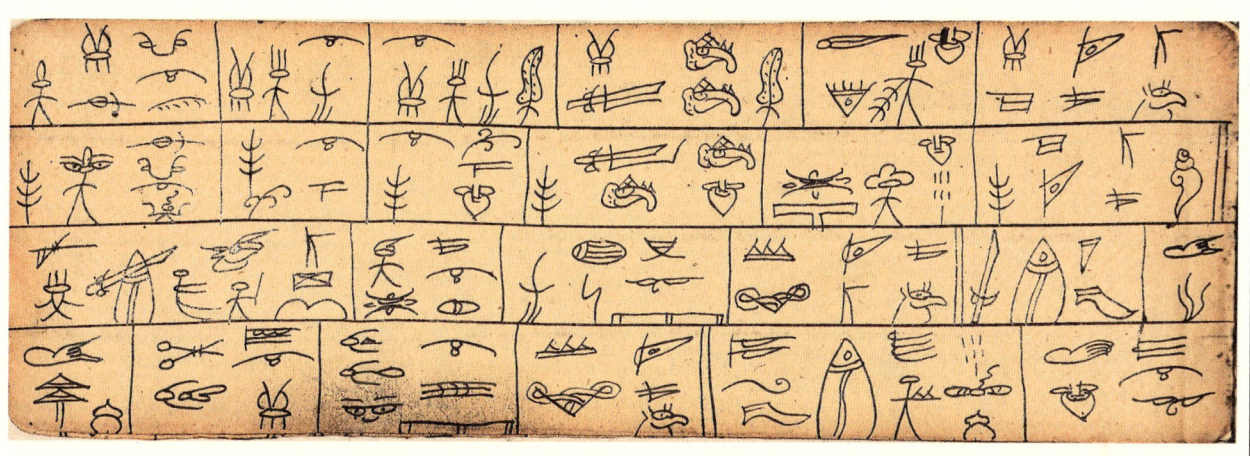

第五十二卷 纳西族

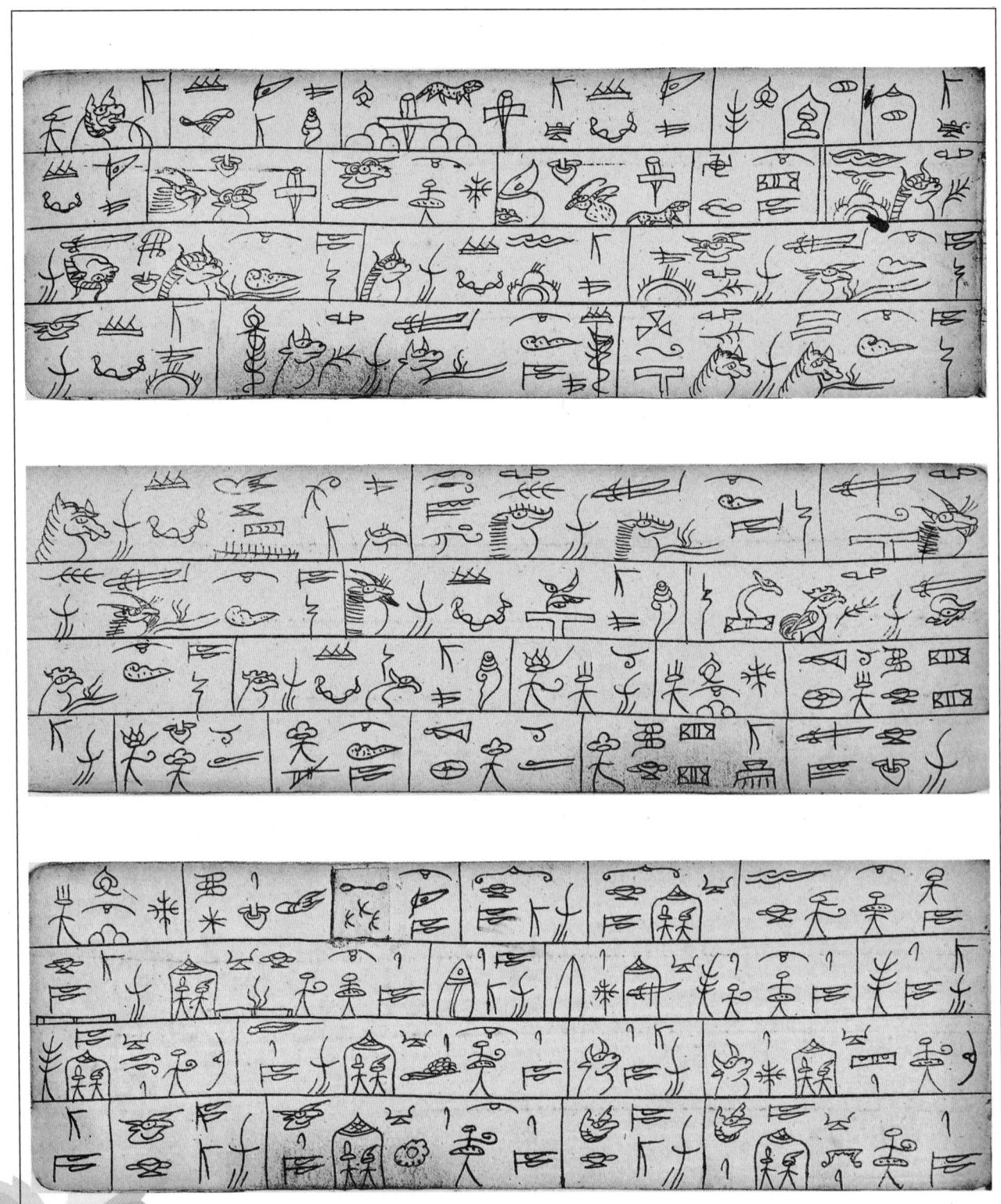

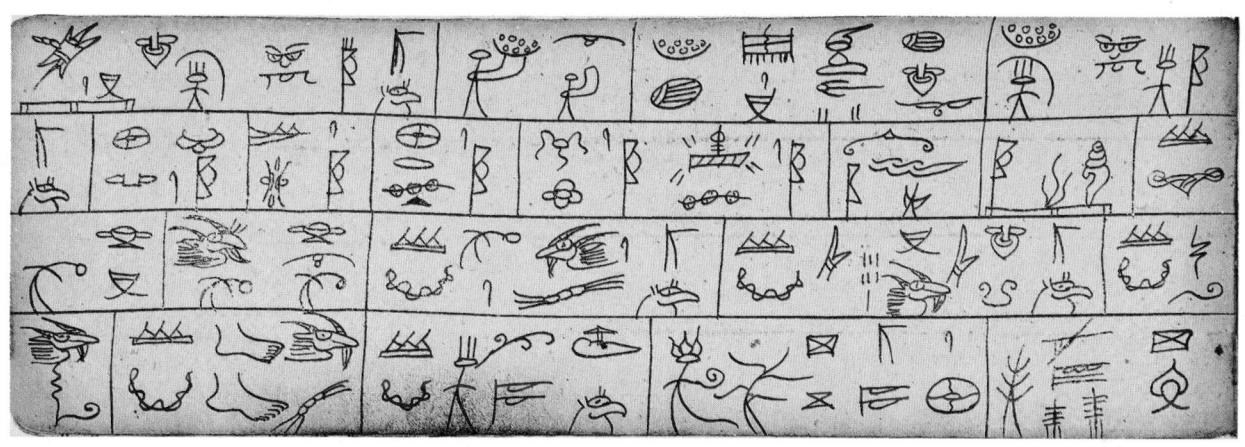

第五十二卷　纳西族

云南少数民族古籍珍本集成

祭风·祭地上五方唖神，射鹿

纳西族阮可东巴经。流传于云南省丽江市纳西族地区。不分卷，1册，佚名撰。经书前部分讲述了祭祀东西南北中五个方位的唖神。后部分则讲述了崇忍利恩追鹿的故事。旧抄本，线订册叶装。开本高10.8厘米，广34.5厘米，每页四行。保存完好。今藏于丽江市东巴文化研究院。

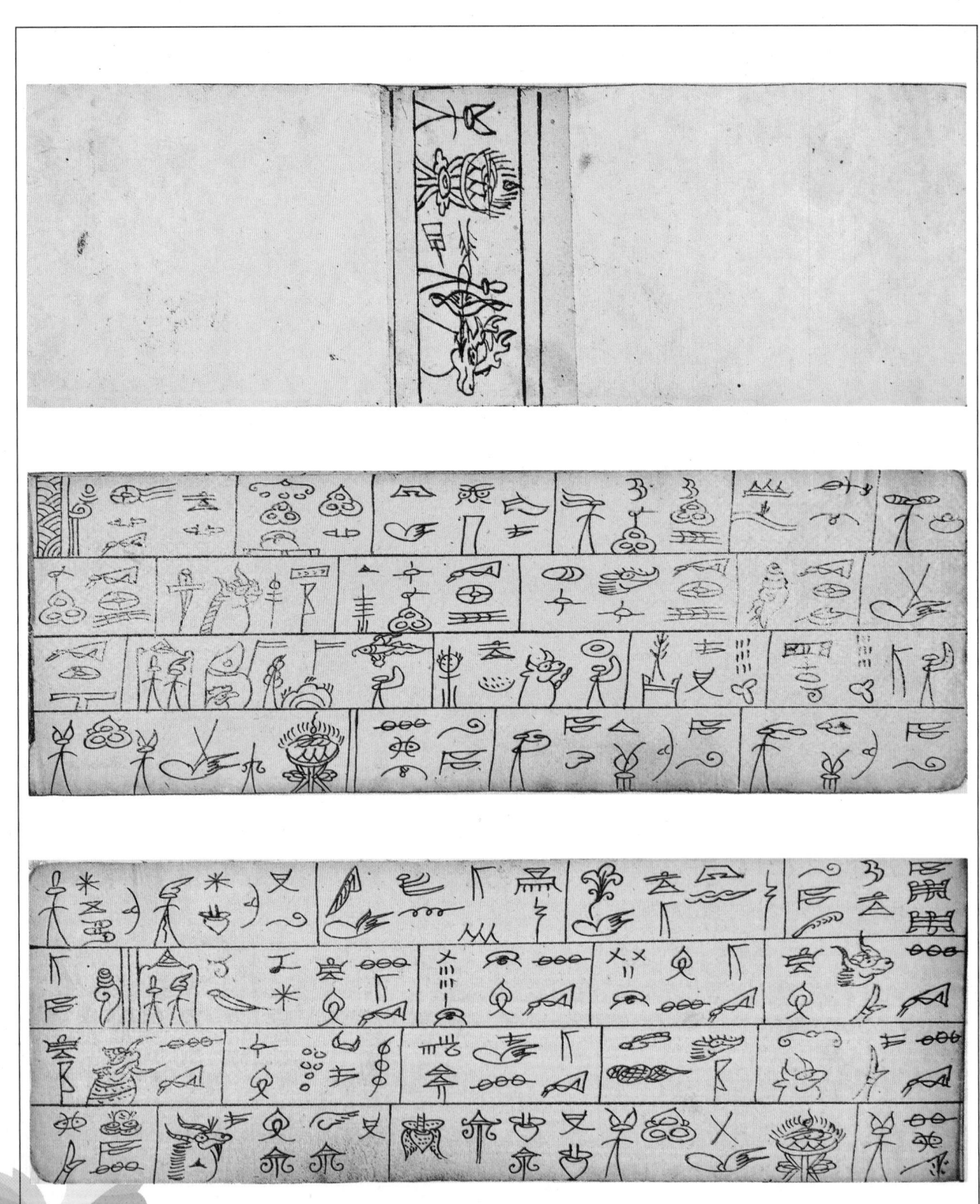

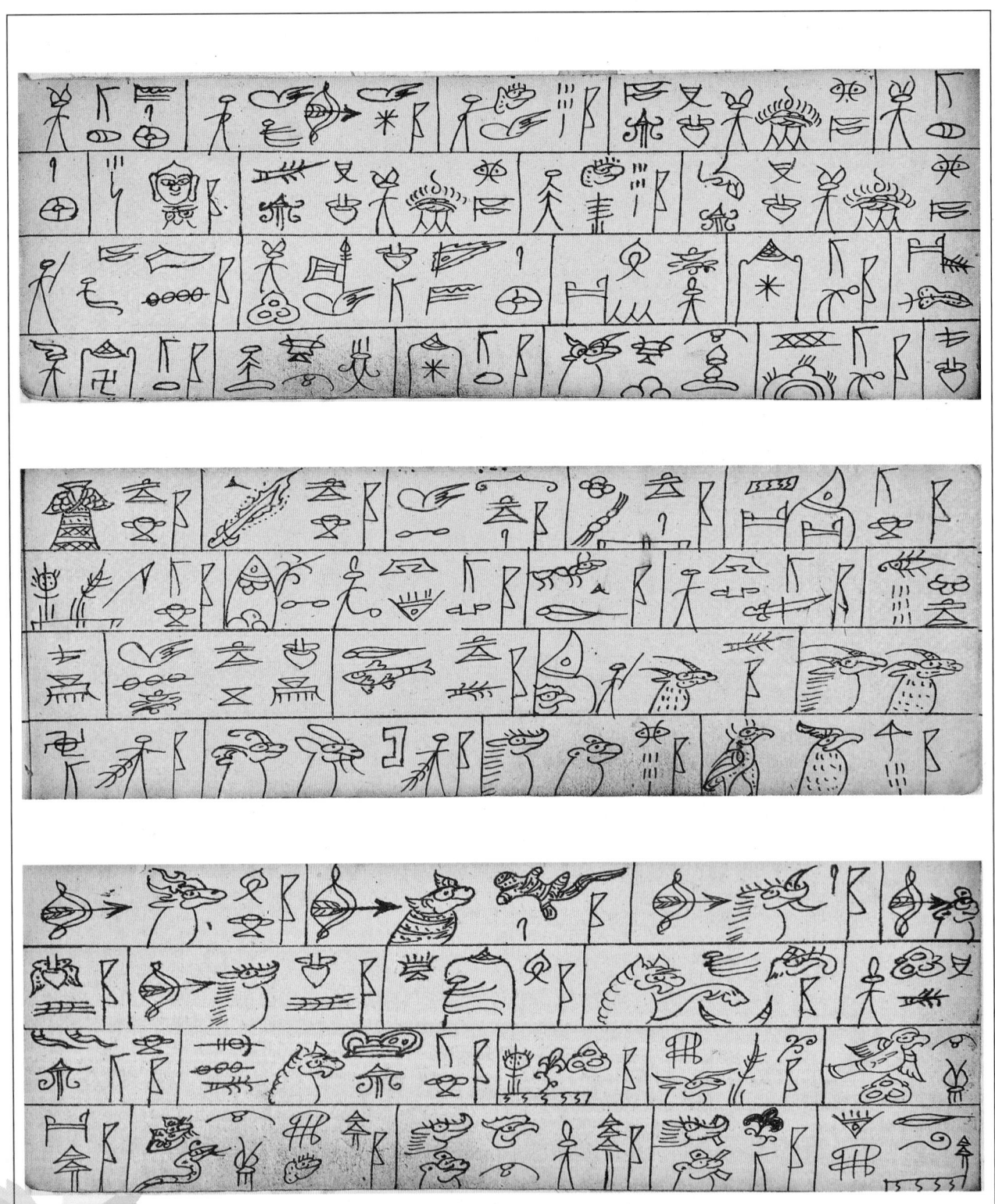

第五十二卷　纳西族

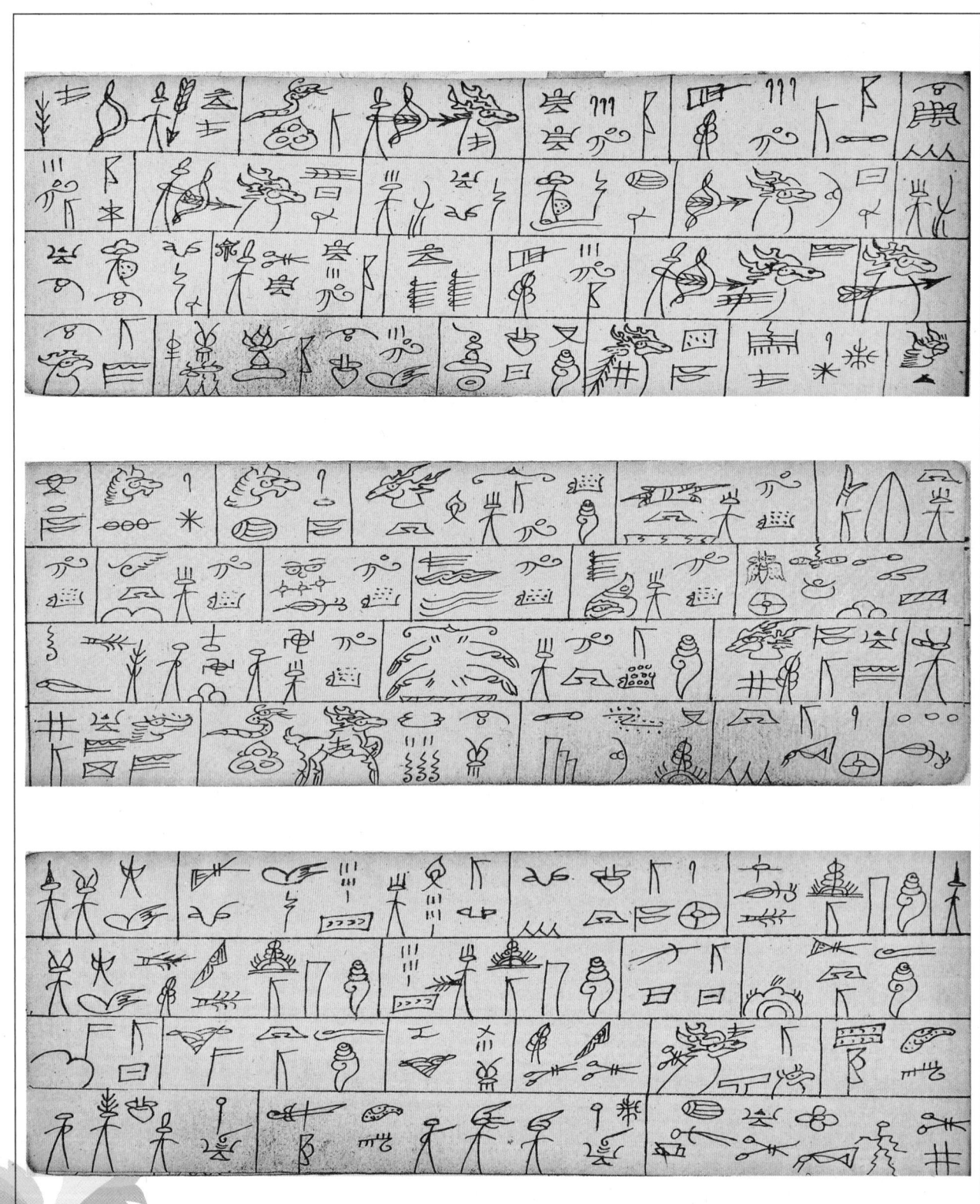

创世纪

　　纳西族阮可东巴经。流传于云南省丽江市纳西族地区。不分卷，1册，佚名撰。经书讲述了世间万物的形成过程。在万物产生的阶段由于凡事都不成熟，天地间一片混乱，经过祭司和各位善神的规范方有了秩序。从此，人和自然和谐相处，人们生活幸福安康。旧抄本，构树皮纸，线装。开本高9.8厘米，广27.3厘米，每页四行。保存完好。今藏于丽江市东巴文化研究院。

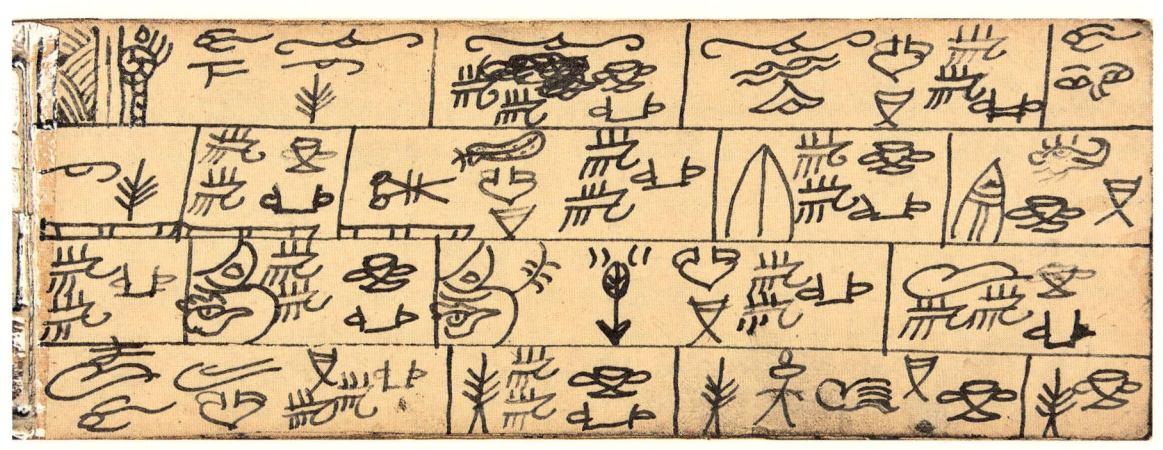

第五十二卷　纳西族

云南少数民族古籍珍本集成

306

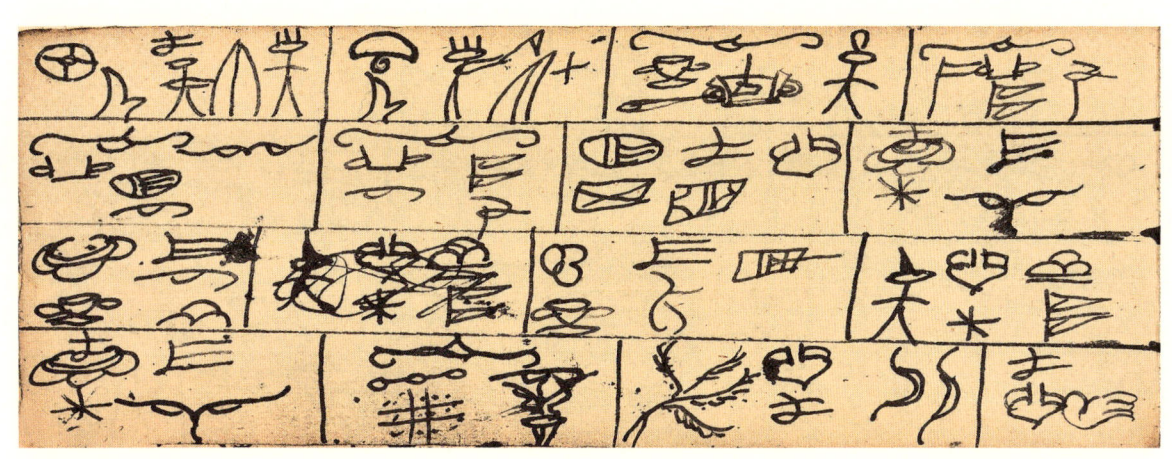

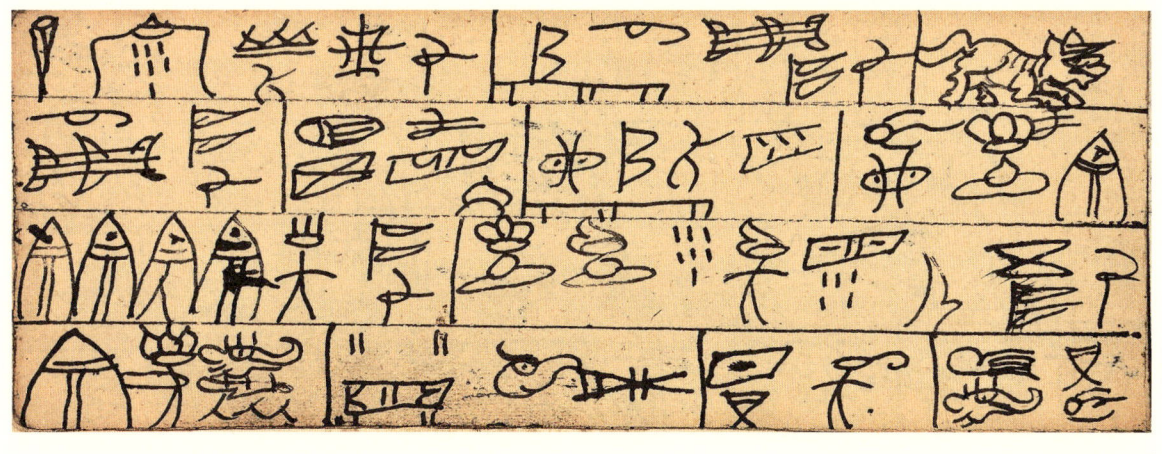

第五十二卷 纳西族

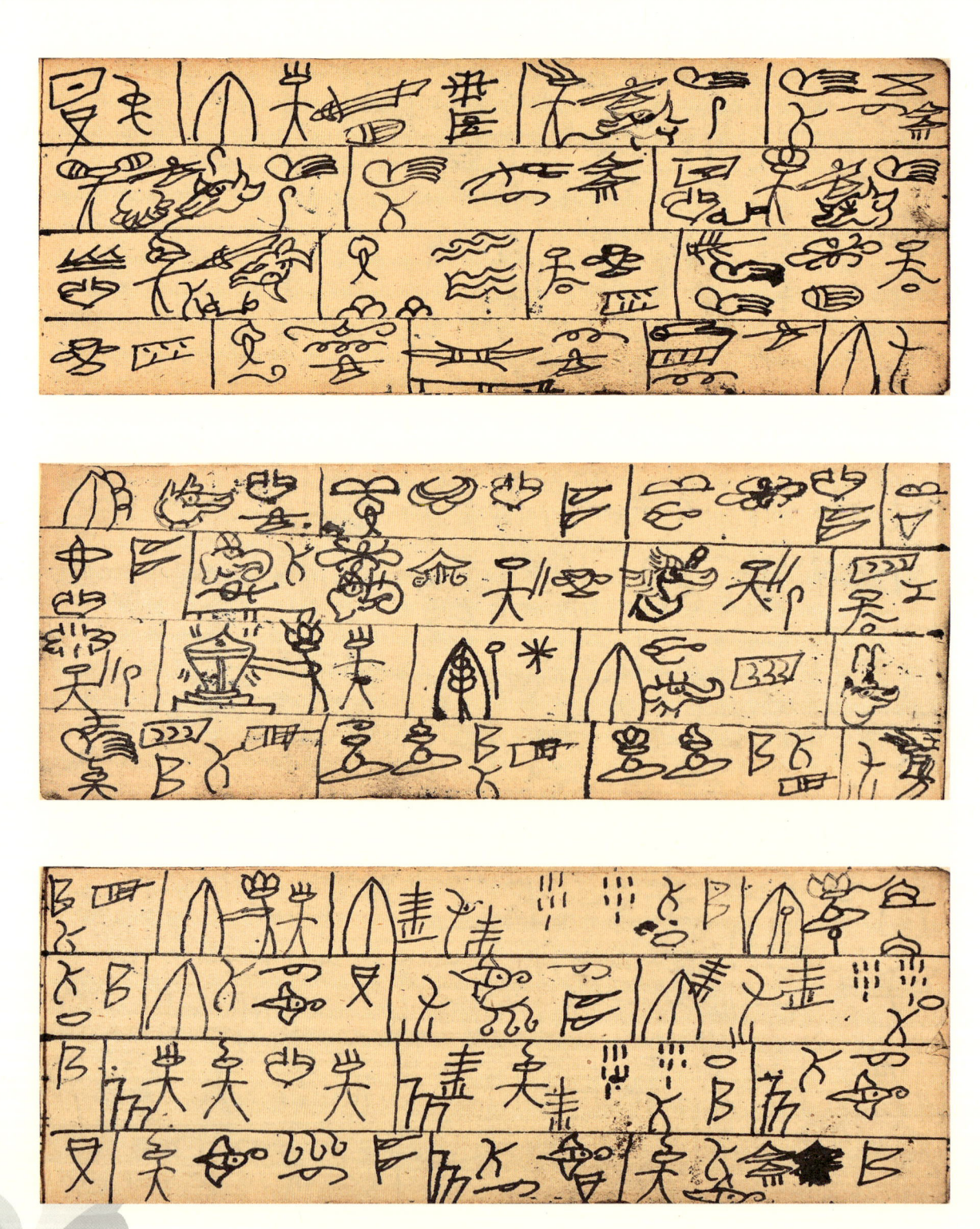

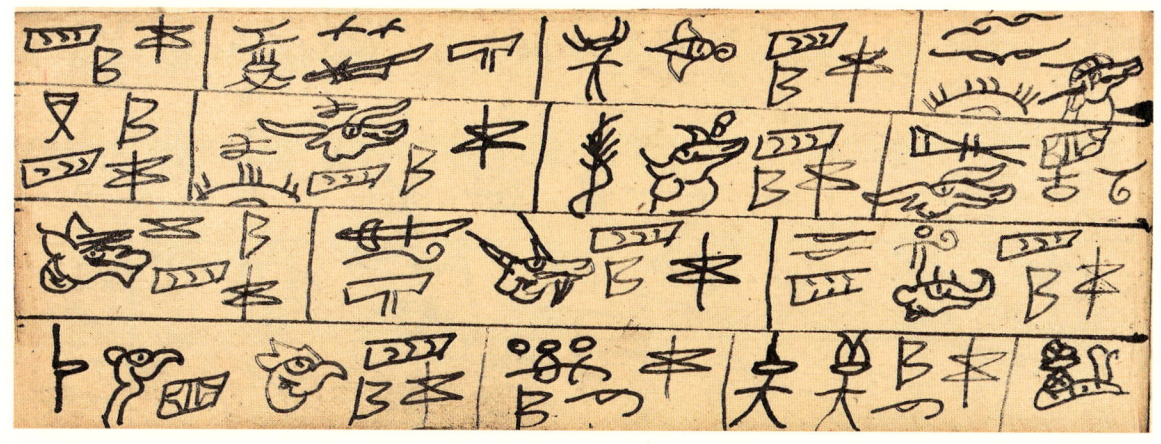

第五十二卷 纳西族

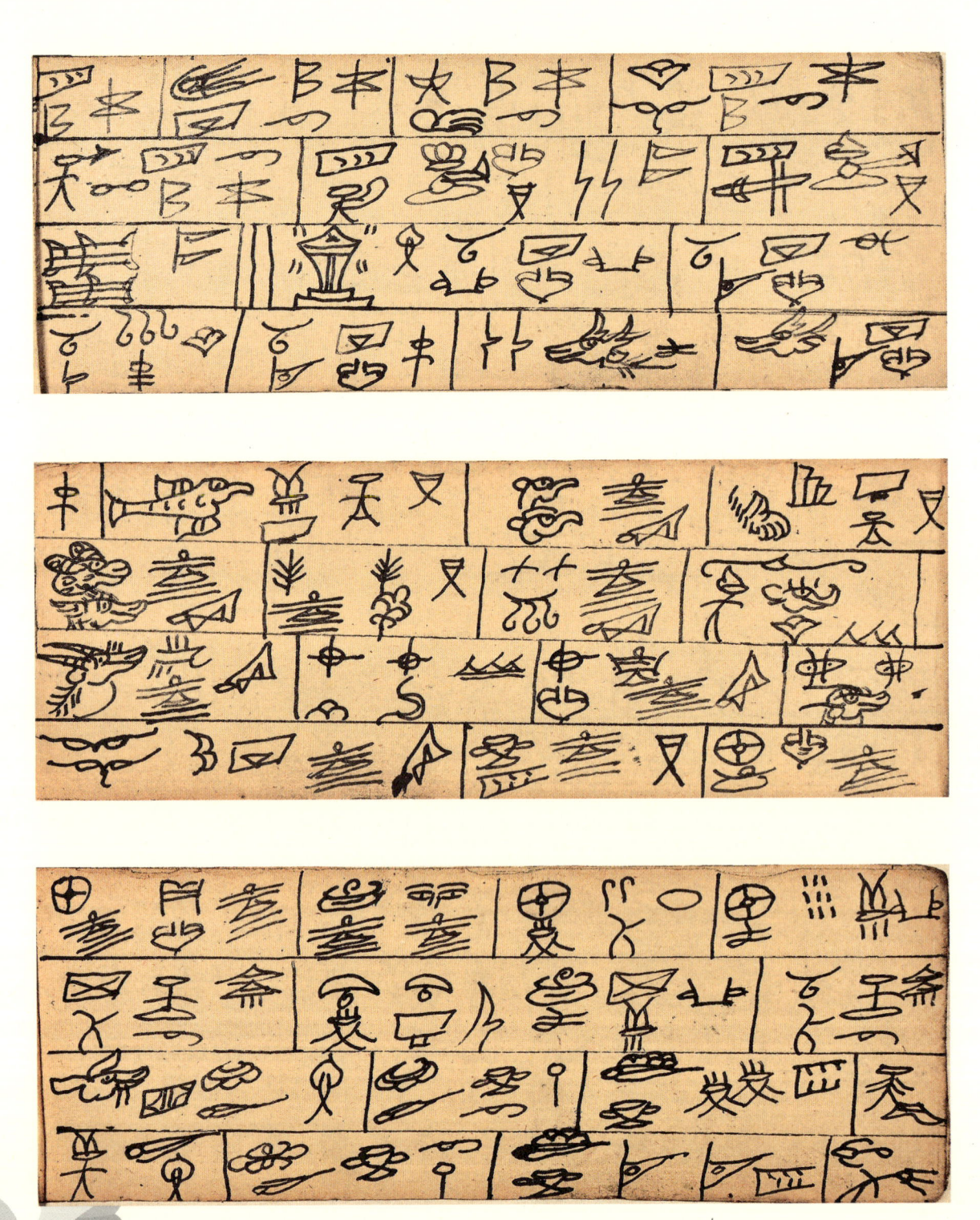

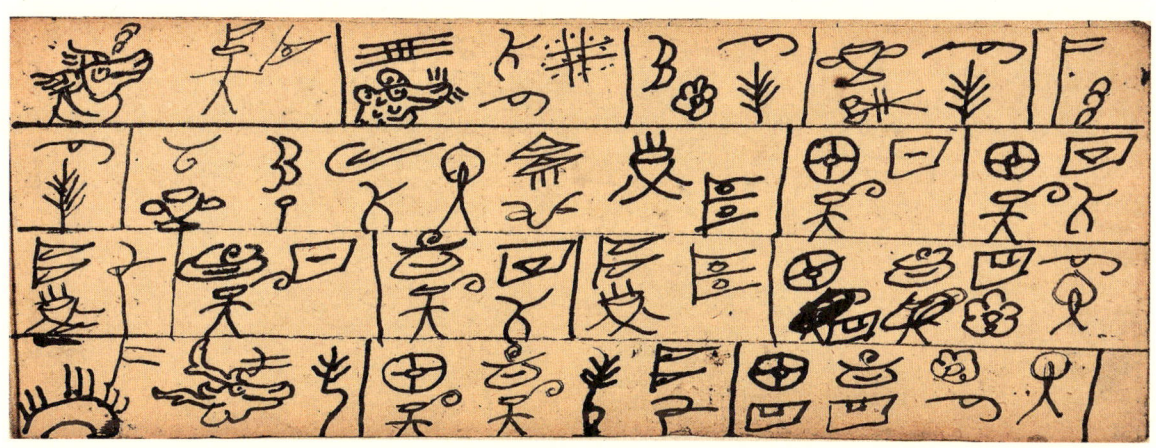

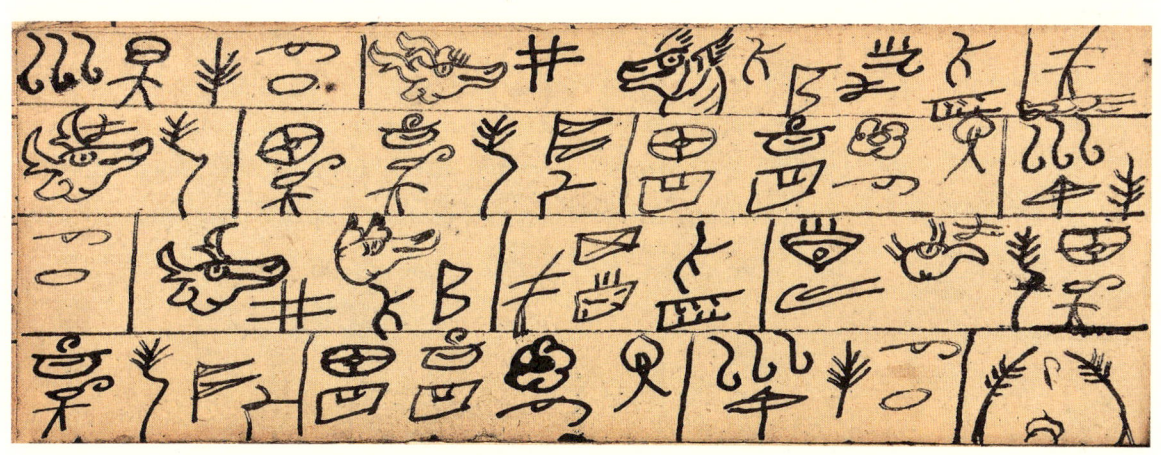

第五十二卷　纳西族

图书在版编目（CIP）数据

云南少数民族古籍珍本集成. 第52卷 / 云南省少数民族古籍整理出版规划办公室编. -- 昆明：云南人民出版社，2017.11
ISBN 978-7-222-16645-5

Ⅰ.①云… Ⅱ.①云… Ⅲ.①少数民族—古籍—善本—汇编—云南 Ⅳ.①K280.74

中国版本图书馆CIP数据核字（2017）第285806号

出 品 人：赵石定
组稿编辑：张平慧
责任编辑：陶汝昌
封面设计：向　炜
排版编辑：陶汝昌
责任校对：王　逍
责任印制：代隆参

书　　名：云南少数民族古籍珍本集成　第52卷
作　　者：云南省少数民族古籍整理出版规划办公室　编
出　　版：云南出版集团公司　云南人民出版社
发　　行：云南人民出版社
社　　址：昆明市环城西路609号
邮　　编：650034
网　　址：www.ynpph.com.cn
E-mail：ynrms@sina.com
开　　本：889×1194　1/16
印　　张：20
版　　次：2017年11月第1版第1次印刷
印　　刷：昆明富新春彩色印务有限公司
书　　号：ISBN 978-7-222-16645-5
定　　价：580.00元